儿时记忆

学生时代

"我的人生准备阶段"

"救国会"、"七君子"

战乱年代

美欧之行

从"国语罗马字"到《汉语拼音方案》

下放"干校"的前前后后

沙滩后街的陈年往事

人未老,思无涯

人民文学出版社

老藤椅 慢慢摇
——周有光和他的时代

金玉良 著

图书在版编目（CIP）数据

老藤椅慢慢摇：周有光和他的时代 / 金玉良著． —北京：人民文学出版社，2012

ISBN 978-7-02-009157-7

Ⅰ．①老… Ⅱ．①金… Ⅲ．①周有光－生平事迹 Ⅳ．① K825.5

中国版本图书馆 CIP 数据核字（2012）第 077576 号

责任编辑　刘　伟　郭　娟
装帧设计　刘　静
责任印制　苏文强

出版发行　人民文学出版社
社　　址　北京市朝内大街 166 号
邮政编码　100705
网　　址　http://www.rw-cn.com

印　　刷　北京天来印务有限公司
经　　销　全国新华书店等

字　　数　149 千字
开　　本　710×1000 毫米　1/16
印　　张　14.5　插页 5
印　　数　1—10000
版　　次　2012 年 11 月北京第 1 版
印　　次　2012 年 11 月第 1 次印刷

书　　号　978-7-02-009157-7
定　　价　33.00 元

如有印装质量问题，请与本社图书销售中心调换。电话：01065233595

作者与周有光、张允和夫妇(1999年)

2003年8月北戴河海滨

2004年家中书房

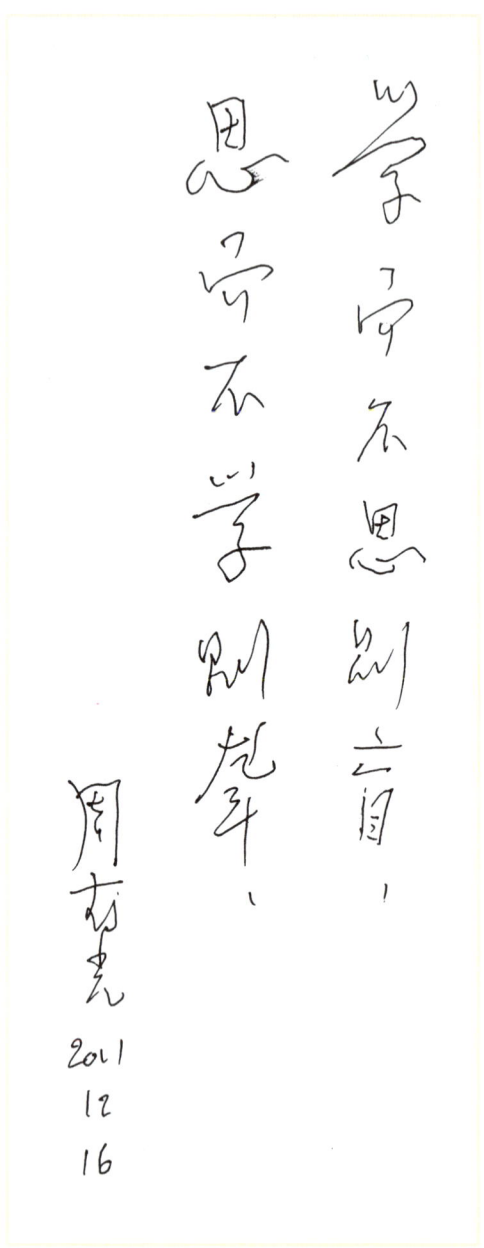

周有光题字
"学而不思则盲，思而不学则聋"

目 录

前言 / 001

一、儿时记忆 / 001
    □ 青果巷、内天井 / 001
    □ 汝南周的后代 / 006
    □ 父亲的"诗钟会"及其他 / 009
    □ 一百年前的"特快专递"/ 016

二、学生时代 / 018
    □ 拉倒菩萨办学堂 / 018
    □ 中学时代 / 021
    □ 从"圣约翰"到"光华"/ 026

三、初涉社会 / 037
    □ "我的人生准备阶段"/ 037
    □ 恋爱与婚姻 / 041
    □ 留学日本 / 052

四、"救国会"、"七君子"/ 058

五、战乱年代 / 068
    □ 农本局岁月 / 068
    □ "聚餐会"、"座谈会"及其他 / 076
    □ 仰光省母 / 081
    □ 太平洋战争爆发、巧遇杜立德 / 086

□ 新华银行、西北经济调查团 / 091
□ 国破人亡散 / 097

六、美欧之行 / 113
　　□ 国际日期变更线上过生日 / 113
　　□ 新华银行在美国的业务联系 / 118
　　□ 纽约公共图书馆 / 120
　　□ 美国社会的风土人情 / 122
　　□ 朋友情谊 / 126
　　□ 坐"伊丽莎白皇后"号去英国 / 131
　　□ 游历欧洲大陆 / 135
　　□ 归国途中见闻 / 138

七、从"国语罗马字"到《汉语拼音方案》/ 142

八、下放"干校"的前前后后 / 152

九、沙滩后街的陈年往事 / 166
　　□ 和嘉公主第 / 166
　　□ 打麻雀、大炼钢铁 / 172
　　□ 人民公社化 / 174
　　□ "破四旧" / 179
　　□ 清理阶级队伍 / 183
　　□ 安于"老九"的贫困化 / 187

十、人未老，思无涯 / 190
　　□ 凭票供应的日子 / 190
　　□ "二简（草案）"：约而未定，俗而未成 / 193
　　□ 出国，在隔绝三十年后 / 195

- 过往那些人物 / 202
- 举"杯"齐眉,两"老"无猜 / 212
- 长寿无秘诀 / 215

附录 / 220
- 周有光简历 / 220
- 周有光学术专著和杂文集目录 / 221
- 参考书目 / 224

前　言

上世纪九十年代，一个偶然机会我有幸结识著名语言文字学家周有光先生。他渊博的学养、前瞻的思维、丰富的阅历以及儒雅的谈吐，深深地吸引着我。陪他聊天增长见识，听他讲故事开启心窍。十多年来不论酷暑还是严寒，都阻挡不住我每周一次探望老先生的约定。每次推开先生小书房的门，映入眼帘的几乎是同样的镜头：老人手拿高度放大镜（患青光眼、白内障）看书、读报；或端坐电脑前，左手举着放大镜，一只眼睛眯缝着，右手敲打键盘写文章。

周有光先生一九〇六年一月十三日，生于江苏常州一个没落士绅之家。年轻时患肺结核、忧郁症，算命先生说"活不过三十五岁"，妻妹张兆和说"二姐嫁个痨病鬼，哭的日子在后头"。然而，一月十三日周先生历经四个时代（清、北洋政府、民国、新中国），在众亲友的祝福声中迎来健康长寿的一百零七岁华诞。

周先生曾就读上海圣约翰大学和光华大学。抗战胜利后赴美国。一九四九年六月三日回国，供职于上海金融界和经济学界。一九五五年十月奉命改行，从事文字改革工作。周先生的孙女曾调侃说："爷爷，你吃亏了，搞经济半途而废，搞语文半路出家，两个半圆合起来就是一个〇。"

俗话说，"三十而立。"五十岁，早已过了创业之年。而且，经济学和语言文字学是两个专业性极强的学科。在两个毫无关联的学科间改行，其难度可想而知。然而，周先生凭借不懈的努力、执著的追求，硬是在"知天命之年"奇迹般地"再立"，并成为语言学界的领军人物。他是《汉语拼音方案》的主要制订者，是语文现代化的重要推手。他为中国语言学的发展作出了突出贡献。

周先生八十五岁离开办公室。专业研究因年老体衰告一段落，不再参加社会活动。但他并未停止思考，更未放弃一名知识分子对社会的责任。他仍在关注世界，关爱万物生灵。他在桑榆晚年再扬帆，开辟新领域——研究社会现实问题，撰写有关文化、历史背景的文章。如：什么是现代化，什么是全球化，苏联解体的教训，美国社会的发展背景，中印两国的外包经济，中东局势，巴以纷争，后资本主义等。周先生百岁时平均每月发表一篇文章，时至今日仍然手不释卷，笔耕不止。继《朝闻道集》之后，去年又出版《文化学丛谈》、《拾贝集》、《静思录》等。著名学者李泽厚说："周有光先生是世界文化史上的奇迹。"

周先生不止一次说："我很幸运，能搞点工作。那些被打成右派的人，即便活下来，荒废二十年还能做什么呢？人的一生能有多少十年？

'抗战'八年,'文革'又是十几年,加上不断搞'运动'。我对于'名'无所谓,有了'名'就不能做事情了。人家说'无官一身轻',我说'无财同样一身轻'。我现在钱不够用也不愁,明天讨饭今天也不愁。"

周先生不仅把名利看得很淡,对生死也看得很透彻。二〇〇二年,他的夫人去世。送别的那天晚上,周先生的眼圈第一次红了。亲人们担心,老人是否能承受这突然的打击。他却平静地对孙女说:"你放心,我知道该怎么做。希望这个时候不要给你们添麻烦。"周先生一辈子就是这样,时时处处替别人考虑,从不给子孙和社会添麻烦。理智告诉他不能被悲伤击倒,因为还有工作要做。在其后的两年间,周先生以九十六岁高龄多方联络,力促张允和先生遗作《浪花集》和《昆曲日记》如期出版。他说,这是对妻子最好的纪念。

常常听到有些老人说,我老了,活一天少一天。

周先生则说:"老不老,我不管。我是活一天多一天。"

周先生不刻意追求长生不老,而是顺其自然快乐地过好每一天。不吃补品,喜欢白菜豆腐。每天读书、看报,强调多动脑、多思考。喜欢昆曲,也看美国大片《阿凡达》。爱喝中国茶,也喝星巴克咖啡。关注"全球化"的老人足不出户,但老大也发少年狂。二〇〇三年,子侄们陪九十八岁的周先生去北戴河。未到海滨浴场,老人就令儿子周晓平下车去买两条游泳裤。

对于一百多岁的高龄,他总是乐呵呵地说:"上帝糊涂,把我忘掉了。"

我几次建议周先生写自传,但他都谦虚地说:"我没什么可以写的,我的生活经历很简单。我不是社会活动家,更不是政治家。我是专业工作者，过去只钻研经济，后来搞语言文字。只有搞专业的人看我的东西，知道我。到了八十五岁以后写杂文，才有许多人喜欢。"

在与周先生交往的十余年里，我不曾有过一次正式的、有目的的采访；没有想过，也不敢想有朝一日写先生的传记。见面听周先生谈论最多的是国内、国外一周时事以及他正在构思的文章内容，我还是他"公民教育"课的关门弟子。这是任何采访也无法采访到的！从先生那里我知道什么是"三权分立"，什么是"三大自由"，什么是"R2P（保护人权的责任）"……

严格地说，这本小书称不上周先生的传记。我只是把日常听到、看到的缀字成文，和喜欢、热爱周先生的读者分享老人的百年沧桑。从林林总总发生在他个人身上的，或欢快或感伤的故事中，勾勒出时代和社会的变化。

二〇一二年二月二十六日

一、儿时记忆

□ 青果巷、内天井

周有光母亲徐雯端庄、大方，出阁前是宜兴有名的美人。婚后生育成长者四女一男，周有光是独子。

周先生对于儿时记忆最深、最美好的是常州青果巷老宅的内天井。小孩子在里边玩儿非常安全，他六岁之前大部分时间在那里度过。讲到这儿，老人仿佛回到一百年前。

内天井也叫内室天井，它和北京的四合院不同。四合院相对开放，内室天井四周封闭，完全属于个人空间，那里小巧而幽静。

青果巷在常州众多街巷中历史悠久，它始建于明朝。从东到西，巷子不长，没有门牌。其中礼和堂周（有光）家，八桂堂赵（元任）家，贞和堂张家最有名。当年，瞿（秋白）家赁居八桂堂。日后，青果巷走出赵元任、瞿秋白、周有光三位著名语

母亲徐雯

言文字学家。

礼和堂坐落在路南，五进五开间的明朝建筑。这些房子自家不住，全部租给房客。走进大厅，在东墙又有一道门，里面是曾祖父清朝年间建造的新房。新院虽然比旧院小，但整体建筑精致、考究。坐北朝南的大书房横跨内外两院，大书房的天井很大，里面有假山、水池。

大书房是周家几位小姐和房客女孩子们的私塾馆。这间私塾馆开风气之先，不仅开设国文课，也有音乐和英文课。爸爸的小书房清静、雅致。小书房外面是客厅，平时不准小孩子随便进去。但小孩子的好奇心是执拗的，越是不准进去的，越想方设法进去，留下的印象也最深刻。周先生回忆起爸爸的小书房，仍然羡慕不已。红木家具、古董摆设，把房间布置得淡雅、清爽，书架上放满线装书。他说"爸爸的学问高，修养好"。

小书房内天井临街的墙角，有棵常州城独一无二的白皮松。白皮松多生北国，江南罕见，所以他们家也叫白皮松周家。白皮松气味芳香，四季常青，每年脱皮。民间传说白皮松的树皮能治疗皮肤病，一俟树木脱皮，便有人提着小布袋上门讨要几片树皮，回家煮水疗疾。

妈妈的卧房很大，有老式雕花大床，靠墙一侧有宽的搁板摆放物件。床铺上，寒有"汤婆子"取暖，暑有"竹夫人"纳凉。夏天放下蚊帐，小孩子在床上玩儿，不怕蚊蝇叮咬。南面有落地长窗，长窗与内天井相连，这里是周先生儿时的"王国"。天井里面栽种一些矮小、半攀援的植物，留出空间给小孩子玩。左面种小蔷薇科的"十姊妹"，一年四季花不断。对面墙边种山药。山药开花虽然不漂亮，但很快结满小小山药蛋。摘下用锅蒸熟，比山药好吃。山药的根茎繁殖极快，每年大丰收。

妈妈卧房外面一间叫客室，专门用来招待女客人。室外亦有天井，

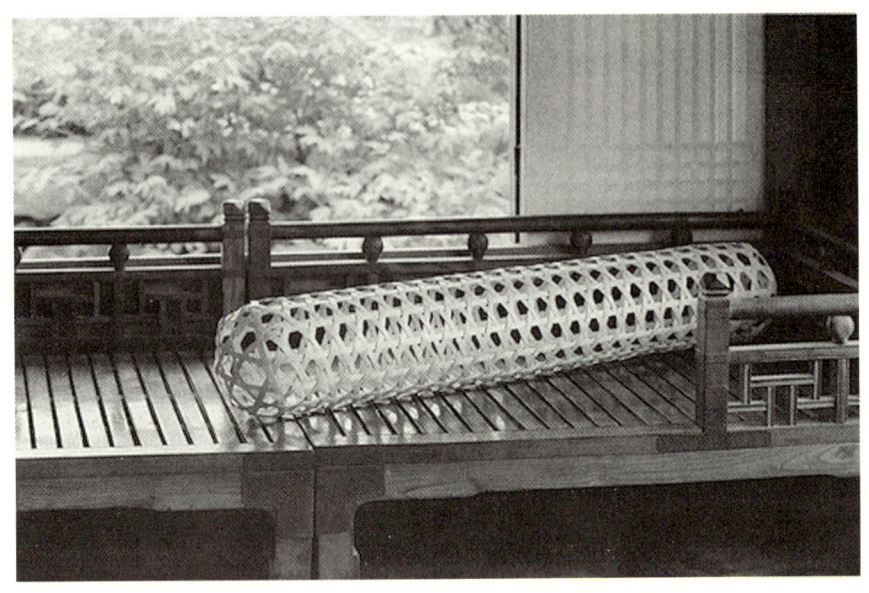

竹夫人,也叫"竹姬"。炎热夏日,
人在睡觉时搂着它或把腿放在上
面,就凉快多了

不过这个天井与众不同，其中有一面墙只有半人高，姐姐们常常倚坐这里看书、吹笛子。两个天井间的墙下面有通连的水池，水池里边养小乌龟，看着它们爬来爬去非常好玩。

祖母住的房子叫水阁，共三间。窗外是河，河对岸叫下塘，河边有条很宽的路，人来人往十分热闹。祖母水阁的玻璃窗又宽又大，这在当时不多见，玻璃还属时尚品。月明星稀的夜晚，在窗前看河里渔翁张网捕鱼。有时看见海船在窗前经过。

海船是木头造的，有两三层，又高又大。海船像条大鱼在水中游弋，船头画成鱼头状，两侧有大大的鱼眼睛。海船靠帆行驶，船工劳作辛苦。河上没有永久性的桥，平时用渡船连在一起搭成浮桥。有船驶来，排成一条横线的渡船由中间划开，海船通过后，渡船再合拢。

礼和堂的房子有夹弄，也叫备弄，是仆人进进出出的通道。唐伯虎与秋香的故事就发生在备弄里。到了夜晚，备弄里有"油盏"照明，这种油盏在中国流传一千多年，它的原料是灯草加豆油。灯草有专门卖的，一把把，白白净净。油盏和蜡烛不同，灯草不结灯花，蜡烛要不断剪灯花才明亮。母亲房里有洋灯（使用火油），不用油盏。

周先生说人类对于新鲜事物有个探索、认识的过程。今天，我们的生活中几乎离不开各种电器设备，但在一百年前却不是这样。常州戚墅堰发电厂是中国人自己创建的第一个电厂。它地处沪宁（上海至南京）铁路中心，发的电上送南京，下输上海。因为周先生父亲是电厂董事，电厂建成发电首先给周家大门口安装电灯。但是家人不了解电的知识，害怕触电不敢靠近。无奈，父亲请电厂派人将其移至巷子口。

从前老房子的备弄比现代楼房的走廊宽，除了行人，也是晾制风干菜的地方。秋天，把新鲜白菜悬挂在里面，晾到半干不湿的时候拌上调配好的作料，码放坛子里储存，是冬天最好的小菜。妈妈卧房楼上住着曾祖父的姨太太，家里人称老姨太太。老姨太太信佛，也信狐仙，常年吃斋念佛。老姨太太去世，她的房间一直空闲。

周有光年龄稍大，放学后时常一个人上楼看书、写字。楼上有天台，天台不是玩儿的地方，是放东西的。他家天台放了许多酱缸，用来酿制酱油。夏天有太阳的时候把酱缸打开晒太阳，阴天下雨用尖顶的缸盖盖起来。老姨太太侍养的那只猫长寿，通人性、懂规矩。家里请客摆桌子把它叫来守在旁边，一旦发现有小猫嘴馋，想偷吃，它毫不客气，一巴掌打过去。天台上，经常有自家小猫和外来的小猫嬉闹，会朋友。人与自然和谐相处，周先生的童年充满欢乐、祥和。

□ 汝南周的后代

周有光先生说，"姓"是表明家族系统的称号，世袭的姓氏制度开始于周朝。当初，贵族有名有姓，平民有名无姓。中国，直到民国初年，显赫家族姓氏前面还贯以郡名。他们家叫汝南周，汝南在现在河南。黄河流域是汉民族的发祥地，汉民族在这片土地上生息繁衍，最早进入农耕社会。

后来，汉人迫于北方游牧民族不断进犯，由繁荣的中原地区向蛮荒的长江流域迁徙。远古，黄河就叫河。先民们在河边砍伐树木，开荒种田。慢慢水土流失，河水变黄。周先生说："古书上有'圣人出黄河清'

的寄语,事实是'圣人出清河黄'。"

晋朝时,周家祖宗从汝南跋山涉水到宜兴,常州祠堂是分支。曾祖父为了和宜兴"接谱"花了许多银两。接谱就是认祖归宗,承认常州这一脉是宜兴周家的分支,把常州家族成员按辈分编入总的家谱里。周先生小的时候在家乡看过周家家谱,里面好事、坏事都记录,很有趣。不记得哪一代祖宗非常邋遢、落魄,袜子脏兮兮像用黄酱煮过一样,因此,他的绰号"酱烧袜"。如此有特色的祖宗,比做什么高官的祖宗更让后辈忘不掉。

家谱记录的第一代祖宗是晋朝周处。根据京剧《除三害》里讲,周处曾是地方一害。有一天,周处去茶馆喝茶。听本地一位老者对外地老翁介绍,此地有三害:山中有白虎,长桥下有蛟龙,地面上有周处。周处闻之大惊,从此改恶从善,投军立功。后来,被朝廷封为高官。建国前夕,宜兴建筑工地发现周处墓,虽然是衣冠冢,但出土的文物有很高的历史价值。南京历史博物馆设专门展厅展览,周有光先生专程从上海坐车去参观。

从前,过年要祭拜祖宗。腊月三十,大户人家把祖宗画像也叫神像依次悬挂在厅堂里,供案上摆出祖传的宝贝和其他供品。小门小户没有神像,只有祖宗的牌位。神像一米宽、两米高,工笔彩色画。早前没有照相技术,每当长辈年事渐高,晚辈就要找专业画师给长辈画像,裱成挂轴保存起来。长辈去世,逢年过节拿出来悬挂,让那些不曾见过祖宗的后人祭拜。这样,晚辈心里对祖宗就有了印象。神像一直挂到正月十六,每天给神像上香,早、中、晚供水、供饭。

周有光先生仍然记得曾祖父母、祖父身穿朝服,像菩萨一样端坐的样子。过去，读书人不但有名、有字，还有号。一般不能直呼其名，要称呼字或号。晚辈更不能叫长辈的名，这是规矩。曾祖父神像旁写着润之公，祖父是逢吉公。抗日战争爆发，这些东西尽于灰烬，后人不用祭拜祖宗了。

讲到此，周先生笑了，风趣地说"中国人不祭拜祖宗了，美国人却供奉我们的祖宗"。抗战胜利后去美国，住纽约有名的"华尔都府"大饭店，他意外发现中国几尽绝迹的祖宗神像竟被美国人当成艺术品高高挂在客厅里。

常州作为早期工业城市是周有光曾祖父那一代开头的。曾祖父考取功名做官，时间不长便辞官返乡办实业。先后开办几个纺纱厂、织布厂，还有几家当铺。当铺是早期的金融机构。曾祖父是中国第一代民族工业家，他很有钱，但不置办土地。家里只有一片坟田，是供守坟人种菜、种粮食的。守坟人住房子不用付租金，种田不用交地租。解放后，守坟人的阶级成分是贫农，他种的坟田没有被没收。

道光年间曾祖父的实业办得有声有色、兴旺发达，此时却闹起了"长毛"。为了躲避"长毛"，周家老老少少纷纷打扮成乞丐四处逃难去了，唯曾祖父一人不离开。"长毛"围困常州，曾祖父倾家中所有供养守城将士。"长毛"攻不下常州，改战南京。南京被占领，建立太平天国。两年后，"长毛"羽翼丰满再打常州。城池陷落，曾祖父投水，尽忠朝廷。直至李鸿章亲率大军收复苏州、常州，周家人才陆续归来。曾经繁荣、发达的常州只剩下残垣断壁，一片凋零。曾祖父的厂房、当铺毁于战火，家产化为乌有。

周有光祖父心灰意冷，什么事情也不想做，至此家道中落。扫平太平天国，朝廷对有功人员加官晋爵，曾祖父被封为"世袭云骑尉"。云骑尉是官名，世袭就是世代相传享受朝廷的俸禄。有了朝廷俸禄，周家到清朝末年仍然过着绅士生活。中华民国建立，俸禄取消，就靠卖厂基地、当基地维持家用。卖一处，够用几年。

同样打"长毛"，为什么周（有光）家没落，张（允和）家兴旺发达？周先生说这和各地社会发展的情况有关。当时，江浙沿海比内陆发展快。大部分江浙有钱人已经过着城镇生活，而安徽一带还停留在庄园式的生活。张氏家族住在圩子里，构成一个小社会。为了安全，家里有武装力量——圩勇。"长毛"发生，曾国藩的湘军率先与之对抗。随后，李鸿章联络安徽各庄园的圩勇组成淮军。张允和曾祖父张树声在淮军地位仅次于李鸿章。

平定"长毛"，李鸿章官至宰相，张树声先后做过两广总督、直隶总督、代宰相，曾率兵征战日本、朝鲜、越南等国。反观周家，住在城市，没有田地，没有庄园，没有圩勇，工厂、当铺烧毁，浮财散尽，家庭破落是必然。

□ 父亲的"诗钟会"及其他

时光荏苒，物换星移。人们的社交活动也悄然发生变化。七八十年前，张（允和）家几位青春年少的姊妹在苏州九如巷组织"水社"，出版手抄本刊物《水》。每期出版一二十份，或送师长，或在亲友中传阅。后来，她们长大了，远走了，《水》也随之停刊。一九九六年初，中断几十年

水

復刊第十二期

一九九九年十二月四日

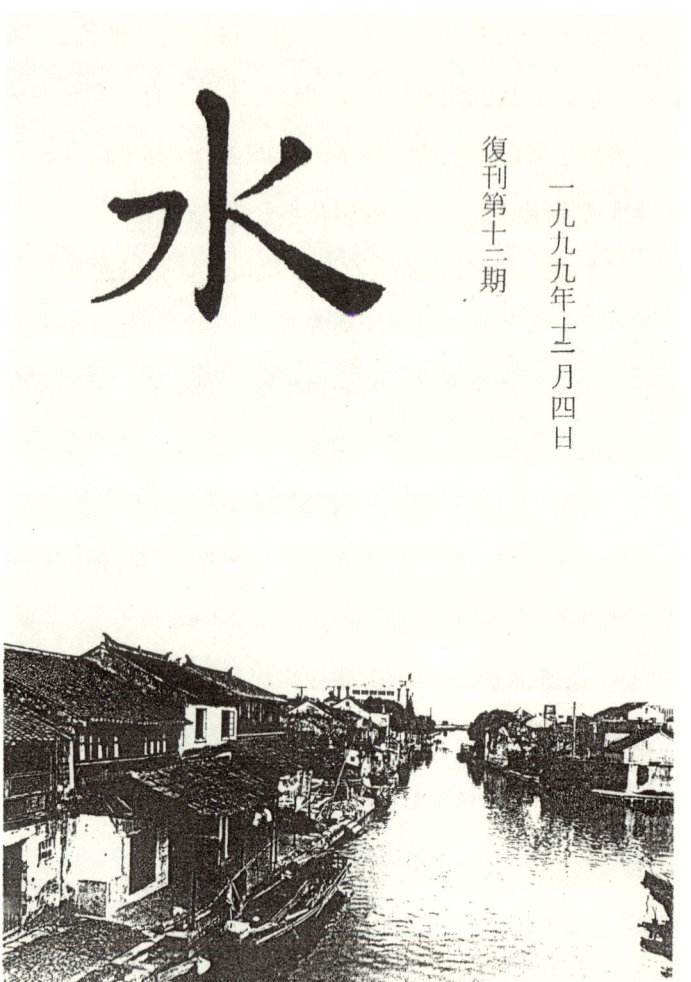

《水》

水

复刊第五期　一九九七年六月

涂了抹，抹了涂又画，共四个下午才完成。两次是上下午。太想工上上字，教学生这陪书，门行过这画几，同孩，门挡屋角茶几，石头画，二宫五向边，样奇是林来扑面，云面常辂系是到处是呀，阑是它三的，它中一间，的中好着早上三下午一同，时凡先是上于阳，因为凡先在川楼陋，据构、房。以上

本期《水》封面由沈从文祖孙二人合作，画为孙女沈红11岁时作，沈从文题注

的家庭小刊物《水》复刊。这在亲友乃至社会上引起不小波澜，被出版家范用誉为"本世纪一大奇迹！"截至二〇一〇年九月，复刊后的《水》已经出版三十七期，成为散居世界各地张家后人的纽带。

从前，像张家姊妹这样结社、出版同人刊物很普遍。周有光先生至今清楚记得父亲的"诗钟会"。每当诗会活动，父亲诗友十来人在大客厅用抽签方式确定诗文题目，在规定时间内"交卷"，诗文写好不得传看，由专人统一誊写，然后大家点评。名列榜首者，吃饭不出份子钱。酒席多由家里厨子做，有时也请外边厨师。虽说小孩子不能参与其中，但在旁边远远观看、聆听文人雅士海阔天空、无拘无束的谈论也是极其有趣的事。

父亲周葆贻，字企言，国学功底深厚，秀才出身。明清时代专称考入县学的生员为秀才，秀才到省府参加乡试，考中称举人（第一名叫解元）。举人到京城参加会试，考中者叫贡士（第一名叫会元）。贡士参加太和殿的殿试，得中为进士（第一名是状元）。周葆贻考取秀才，坐船去参加乡试。途中遭遇大风浪，虽然没有翻船落水，却惊吓而病。父亲是独子，祖母再也不准去赶考。

此后，父亲周葆贻以教书为业，他开办"存粹专修学校"并兼私立常州中学国文教员；也曾被英籍犹太富商哈同请去上海，在他开办的仓圣明智大学讲课。周葆贻晚岁主持"兰社"，曾刊《武进兰社男女弟子诗词百人集》。

父亲有诗会，母亲有流行于妇女中的歌堂文学作消遣。歌堂文学也叫说唱文学。今天很难找到当年的唱本了，不过有些如《孟丽君》，在上世纪三四十年代改编、拍成电影得以广泛流传。这些唱本大多由女才

父亲周俫贻

子创作，它包括一段说白（讲故事），一段唱词（吟唱），内容往往是历代贞节烈女的传奇故事，为女子树碑立传、扬眉吐气。母亲常常在客室邀几位闺中女伴，边说、边唱、边吃茶点，十分惬意。母亲闲暇无事也把《再生缘》、《天雨花》、《珍珠塔》等说唱给年幼的儿子。

周先生说二十世纪二十年代，诗会、歌堂文学进入尾声，相继出现舞厅、剧场、影院等娱乐场所。上海当时是中国经济、文化中心，许多新鲜事物从这里开始。欧美进口的黑白无声电影很有趣，一边放映影片，一边有人站在台上口译故事情节，同时外加乐队配乐。乐队演奏员几乎都是菲律宾人。看一场电影不但欣赏电影明星高超演技，同时享受优美的解说词和悦耳的音乐，以至于有声电影出现，许多人仍然喜欢无声电影。

周先生因为受家庭影响从小喜欢听昆曲，夫人张允和对昆曲的痴迷更胜他一筹。张家姐妹从小拜师学习，各个演技高超。张允和经常参加堂会，是有名的票友。

二〇〇一年，昆曲被联合国教科文组织评为"人类口述和非物质遗产代表作"时，周先生兴致勃勃对我介绍说：

"昆曲始创元朝，流行于明朝和清朝前期。至今有六百年历史，比京戏早。昆曲一般以小规模的厅堂为演出场地，演员的动作较小，身段婀娜、楚楚动人。它的音乐婉约、细腻。从文学角度看昆曲是高雅艺术，没有很高的文化修养听不懂，也理解不了。

"昆曲的戏文都是诗词语言，汉语在古代和现代有很大区别。《吴越春秋》中有一首《弹歌》：'断竹，续竹；飞土，逐肉！'这可能是我国最古老的诗篇，比《诗经》（西周至春秋）还古老。《弹歌》二言，是

1957年2月16日,在北京市文联礼堂演出《寄柬》。左起:梁寿萱饰红娘、张允和饰琴童、姜宗禔饰张生

最短的诗句。《诗经》四言,是二言的扩展。三国时期仍然流行四言诗,如曹操的'对酒当歌,人生几何'。而李白和杜甫(唐朝)的诗歌,已发展为五言或七言。到了明、清,戏曲变为七个字或十个字一句。比如上海的越剧十个字一句,前四个字和后六个字中间稍停顿一下。从这些可以看出戏曲语言是由诗词发展来的。"

□ 一百年前的"特快专递"

饭后的黄昏常常令人遐想,脑中会闪现曾经看到过的优美景致。不经意间,我与周有光先生聊起苏州的小桥流水,扬州的瘦西湖以及绍兴的乌篷船、黑毡帽……

周先生说古代文学作品中,常有"小桥流水"、"大漠孤烟"的描写,这和当时人文环境有关。那时人类活动和自然界更贴近、更直白、更融洽。扬州瘦西湖的二十四桥是概数,表示桥多的意思。过去江浙一带水道密集,船只繁多。填河修马路,是民国初年开头的。马路,就是宽阔能跑马的路,虽然现在不跑马匹跑汽车,仍然叫马路。

江南建造房屋和北方不同,南方造房子往往利用河流的便利条件。周家礼和堂就是前门临街,后门傍河,叫"枕河人家"。前门上街出行,或坐轿,或骑马;后门有水码头,既可以乘船远行,又作为"运输线",柴米油盐都从这里搬运进门。河道上除了载人运物的客货船,也有张网捕鱼的渔船,还有快如穿梭的脚划船。这种脚划船,现在几乎看不见了。它的长度比乌篷船长,宽度却比乌篷船窄,只有一人宽,状似飞梭。小船中部两侧有长桨，船夫不用手操作，而用双脚划船，速度飞快。

信息传递方式，古代有驿站，有邮亭。一八四〇年英国发行世界上第一枚邮票，二十多年后（一八六六年）清政府在海关总税务司下设邮务办事处，一八九六年成立邮局。清朝最早（一八七八年）发行的邮票因票面有龙的图案，所以称邮票为"龙头"或"邮花"。

周先生说，以上这些都是官方信息传递机构，脚划船是民间的流动邮局。从前在常州老家，时常听到有人一边拍打后门，一边大声喊"信来啦！"随即有家人打开后门接过信件或物品并付清"邮费"。脚划船送来的有家书，有亲友馈赠的板鸭，也有江阴七姑妈刚刚烧好的河豚。河豚味道鲜美，但是烹饪不当，吃了会中毒。过去，五里不同风，十里不同俗。各地有各地的风俗，各地有各地的特产。江阴七姑妈烧的河豚最好，而"响蛋拌嫩豆腐"只有常州人会做。

一百年前的脚划船，相当于时下的"特快专递"。在一定时空范围内用它传递信件或小件物品，便利、迅捷，但在今天就落后了。如今交通工具发明层出不穷，汽车、火车、飞机的速度越来越快。信息传递的方式也多种多样。随着计算机的出现与普及，不但老式四码电报已绝迹，手写的、贴着各式各样邮票的信件也将成为"古董"。取而代之的是有线电话，移动电话，电子信箱……

再过一百年，又会是什么样呢？

二、学生时代

□ 拉倒菩萨办学堂

周有光先生常常和我夸奖他的祖母学问大,家里打官司,祖母自己写诉状。"大学问"的祖母是他的启蒙先生,他三岁随祖母学习唐诗。虽然启蒙早,但因独子金贵,他正式上学读书并不早。他说父母亲过分疼爱,也会给孩子带来莫大的烦恼。他描述儿时"一个人在深宅大院里没有玩伴,是寂寞的宝玉"。

母亲时常把他放在内天井里,池塘里的小乌龟,地上的小花小草,空中飞舞的蜻蜓、蝴蝶都是他的玩伴。某次,他独自一人偷偷跑到外院。碰巧房客陈家两个比他稍大一点的小姐姐踢毽子,他好奇地站在旁边看她们玩耍。时候不大,女孩子的妈妈发现了,立刻把小姑娘招呼回房。

他说,"虽然没有撵我走,但实际是不准我和他们的女孩子接触。"这就是旧礼教在他幼小心灵打下的第一个烙印吧!有时,一个人实在无聊，就溜到大书房窗外悄悄往里张望，听先生讲课，随姐姐们的读书声在心中默念。

周先生出生前后，恰逢中国社会处于大变革时期。一九〇〇年（光绪二十六年），八国联军攻占北京，慈禧太后挟光绪逃出北京，跑到西安。在经历几乎亡国的巨大劫难之后，为了维持摇摇欲坠的统治，垂帘听政的慈禧此时不得不考虑实行"新政"。回京后，清政府连续颁发了一系列"新政"上谕。

历史在这里急转弯。

一九〇五年九月十二日，光绪皇帝诏准袁世凯、张之洞奏请停止科举。原定于一九〇六年举行的乡试被取消，这是中国开始现代化教育的第一步。周先生记得一百年前，跟随家里男当差去河对岸东下塘，观看大人们在寺庙里，用粗绳索套在泥菩萨脖子上，把它们一个个拉倒，打烂，改庙宇为新学堂。

周先生说，古代庙宇的功能多种多样：佛教徒烧香、拜佛，老百姓听书、吃饭、住宿。庙里有资产，可以借钱。庙里也是犯科作案人的避难所。中国历史上许多故事发生在庙里，如《西厢记》。"说书"开始于寺庙，庙里用讲故事向百姓宣传佛教。慢慢地不但讲佛法、佛经，也讲其他的故事。最初，"三国"的故事就是说书人在庙里讲述的。两百年后，罗贯中根据这些故事加工、整理成传世之作——《三国演义》。庙宇既是人们寄托灵魂的圣地，也是社会活动中心。庙宇变学堂，不仅惠及读书的孩子，更改变各个阶层的传统观念。拉倒菩萨不单单从形体上打掉偶像，更触及人们的心灵深处。

一九一二年一月一日，孙中山在南京建立临时政权，就任临时大总统。两千多年的封建帝制结束了,中国历史纪年进入中华民国。这一年,周有光上学读书。他就读的育志小学师资力量雄厚,大多聘请当地或苏州、上海有学问、有威望的名人、学士;开设国文、算数、英语等课程。每年春秋两季,本县三所小学的学生在城边练兵场召开运动会。这些教学内容和方法都是前所未有的。

新学堂男女同班上课,但不能接触,女生有单独的休息室。上课前,男学生先坐好,边上留一条过道,由女老师把女生带进来;下课,女生离开教室后才准许男生离开座位。如果一家既有男孩又有女孩就麻烦了,哪怕兄妹或姐弟同班,中午也要分别送饭。周先生将其概括为"男女同班,兄妹隔离"。上、下学,男生可以自己回家,女生必须有家人接送。

升入小学四年级,可以自愿参加"童子军"组织。童子军有统一的服装,高高的英式帽子很神气。童子军培养小孩子独立生存能力。比如,利用一根棍子、一条绳子在没有桥梁的情况下设法攀树过河。这些生动活泼的户外活动不但锻炼体魄,同时培养小孩子的组织能力和团队精神;不但教他们学会自救,也学会互助。周先生强调"培养完备的人格是教育的任务。从小就要有独立思考和自由发展的空间,不能束缚儿童的天性"。

无论什么年代,爬高上树都是男孩子的最爱。寺庙改成的育志小学,树多、鸟多。屋檐下有许多鸟窝,鸟妈妈、鸟爸爸在这里生儿育女,繁衍后代。忽然,小鸟的太平盛世没有了。三五成群聚在一起的小男生趁老师不注意,爬到屋檐下掏鸟窝、偷鸟蛋,害得鸟妈妈、鸟爸爸在他们头顶飞来飞去,唧唧喳喳叫个不停。不料几十年后,曾经恶作剧的一群早已人过中年,却又投入"全民打麻雀"的运动中。

新学堂的学生除了偶尔淘气、惹祸,大部分时间认真读书,课余也参加一些社会活动。最有意思的是"祭孔",每年一次,非常隆重。周有光有幸参加在祭孔仪式中表演古代歌舞。几十个小孩子在钟鼎敲击的伴奏下手拿两根木棍,边歌边舞。其中一根棍子头上扎有鸡毛作为装饰,每摆一个姿势,唱一个字。节奏缓慢、优雅、肃穆。他说"为了表演整齐,事先排练许多天。仪式在晚间举行,白天要睡好觉,夜里才有精神"。

常州是府衙所在地,无锡等地都来参加这里的大型活动,所以常州的孔庙,以及每年祭孔活动的规模很大,出席的都是高官显宦、社会贤达,普通人没有机会到现场。小学生表演的歌舞是压轴戏,排在最后。表演之前要在场外做准备,场内节目周有光一个也没看见。只记得活动结束,分给每人一大块烧得非常香的牛肉。"分到牛肉不能独自吃,要包好拿回家,让大人切成一小块一小块的,第二天清早分给亲朋好友的孩子共享。吃了祭供圣人的牛肉,小孩会变聪明,长大金榜题名、中状元。"

"五四运动"爆发,周有光和同学举着自己糊的三角小旗到茶馆等人多的地方宣传。旗子上写着"同仇敌忾!""反对列强!",高呼"取消二十一条"、"外争国权,内惩国贼"等口号。喝茶的人看他个子小,就把他抱到茶桌上演讲。

当时,小学学制七年,成绩优秀的学生通过考试可以跳级。周有光小学读了六年,提前毕业。

□ 中学时代

民国初期教育不像现在这样普及,能够念中学的人不多,中学也少。

一般情况，一个府才有一所中学。那时，常州府包括溧阳、无锡、宜兴、丹阳、江阴等许多县，但只有一所——常州中学（早年由留日学者屠元博创办，后来改为江苏省第五中学）。周有光中学校友吕叔湘（语言学家）就来自丹阳，他比周有光高一届。

当时，录取中学生分两种：像周有光这样年龄小，没有读过私塾的，进校先读一年预科；年龄偏大、念过私塾的可以直接上中学。周有光在常州中学预科主要读《左传》一类古书，在正式上中学前打好国学功底。周先生至今认为国文、英语、数学三门课程必须在中小学打好基础。他们读小学就有英文课，但偏重国文和算数。

升入中学，情况就不同了。凡是外来课程，如《世界历史》、《世界地理》、《物理》、《化学》等全部使用英文课本。常州中学师资水平高，有许多学者。校长童伯章举人出身，后来被光华大学聘为教授。学校的英文教员不是圣约翰大学就是东吴大学毕业生。常州中学毕业生英文好，能直接用英文写文章。

周先生读中学时，已经提倡白话文和国语。因为是过渡期，做文章仍然用文言文。课堂老师讲课，照旧讲自己的方言，国语只是在学校举行演讲比赛时使用。但是，童校长和国文老师吴山秀特别重视白话文，提倡文言文要"明白如话"。为了引导学生对白话国语的兴趣，经常请一些名人来学校讲演。

周先生上中学时，学生一律住校。礼拜一至礼拜六，学校绝对不准许学生外出。本地学生礼拜日，准许回家半天。他认为这样的管理制度，可以使学生不受外界干扰，集中精力读书、学习，钻研自己有兴趣的东西。周先生读中小学感觉非常轻松，没有任何负担。

他说："只有轻松才能学习好，紧张是学不好的。不是压力大就学习好。压力大，反而适得其反。老师要注意发展学生的兴趣，没有兴趣的学习是学不好的。""兴趣是自己产生的，不是外来的。是必然的，不是偶然的。一个人一定会有某种或某些兴趣。必然的兴趣和偶然的机会结合，就能做出成绩。中学阶段要为培养学生的兴趣提供机会，学校要给学生营造宽松环境。如果老师用填鸭式的教学方法，把学生脑子塞得满满的，学生就没有自己的空间和时间去学习，更不能钻研自己感兴趣的东西。"

周先生就读的常州中学，是当时最好的学校。管理严格，但学生感觉却是轻松、愉快的。每天九点上课，上午只排三节正课，每节五十分钟。清晨，学生早早起来晨练、晨读。下午一般是游艺课（"游艺"意出孔子的"游于艺"）。游艺课包括古文、书法、图画、音乐、打拳、军乐演奏等等。游艺课不考试、不记分数，学生根据自己的兴趣爱好自由选择。

周先生曾选修古文、音乐，学习弹月琴、拉二胡、吹笛子，也拉小提琴。他们的音乐老师刘天华（刘半农弟弟）曾在日本学习西洋音乐，回国后主攻民族音乐，培养了许多音乐人才。建国初期被誉为"二胡圣手"的储师竹，就是周有光的同班同学。

周先生学习音乐，不想终生以此为业。目的只是为了提高音乐修养，增强对音乐作品的欣赏能力。周先生学生时代除了喜欢音乐，也对语言文字学产生浓厚的兴趣。课余时间读了不少语言文字学方面的书籍，并开始发表语文方面的文章。

正是因为周有光先生在学生时代得天独厚，有宽松的空间发展个人兴趣，有机会接触更广泛的学科知识，才能在知天命之年华丽转身，从经济学领域轻松转到语言文字学。

周先生说:"欧美大学注重'通识教育'理念。我们上大学时,专业限定不严格。只分文科、理科和工科(医科除外),不像解放后分得很细。分得粗有一个好处,就是学生掌握的知识广一点,但缺点是深度不够。正像美国哈佛大学校长在北京大学百年校庆所说的'我们培养学生,要使文科学生了解理科,理科学生欣赏文科'。这同我们提倡的全面发展很接近。你看,中国早期许多搞自然科学的专家文学修养非常高,能诗能文。大学教育是培养完备的人格,不是培养专家。专家是大学毕业之后进一步深造才成就起来的。基础知识广泛,改行很容易。新中国建立之后学习苏联,学校早早开始分科,学生的知识面狭窄、单一,要跨学科改行很难。"

周先生的孙女戏称爷爷"搞经济半途而废,搞语文半路出家"。但他却在两个不相干的领域同样成就卓著,实乃罕见。有人在美国纽约图书馆查阅馆藏书时,在周有光名录下既有经济学著作,也有语言文字方面的著作,常被误认是两个人。然而,早期经济学家周有光,就是今天的语言文字学家周有光。周先生开创的"现代汉字学"在北京大学等高校,已经成为一门正式的课程。同时,他的"比较文字学"也是国内首创,他更是《汉语拼音方案》的主要制订者。

有人问周先生,为什么能在不同领域驰骋自如?他回答:中学一位郑晓沧老师讲过一句话,给我影响很大。郑老师说"你原来有天然的智慧、天然的思想,教育就是把你天然的东西引出来"。这是古希腊哲学家苏格拉底的思想。老师要教给学生学习方法,使学生学会自修。一个人一生在学校学习时间是短暂的、有限的,学问主要靠离开校门后自我

张家三姐妹和她们的夫君，1946年摄于上海。正如教育家叶圣陶先生说：张家四姐妹谁娶了都会幸福一辈子。她们各个学有所成，知书达礼。大姐元和（前左）大夏大学毕业，嫁昆曲名伶顾传玠（前右）；二姐允和（后左一）光华大学毕业，嫁著名语言学家周有光（后左二）；三妹兆和（右一）中国公学毕业，嫁著名小说家沈从文（右二）；四妹充和北京大学毕业，1948年嫁美国耶鲁大学教授、著名汉学家傅汉思学习。大科学家爱因斯坦曾总结人的一生，如果按六十岁计算，工作时间占十三年，业余时间十七年，另外三十年就是吃饭、睡觉。有成就的人，多数用业余时间自学、钻研。要利用好业余时间，不断自学。

当然，自学要靠身边能利用的条件，有了条件不去利用也是枉然。他说："比如沈从文，后来搞中国服饰研究，固然和他到故宫博物院工作有关，能接触别人接触不到的东西。但是，在故宫博物院那么多有条件的人，并没有取得像沈从文那样的成绩呀！所以，利用条件的同时，还要个人努力。任何人只要努力，总能做出成绩。"

□ 从"圣约翰"到"光华"

（一）"借当"读圣约翰大学

周有光先生说，直到民国年间，绅士人家的排场还是不得了的。记得小时候父母给祖母做寿，光酒席就摆了几天。寿联、寿屏从大门外一直排到内院，宾客络绎不绝。男客人在大客厅，女客人在内客厅。大人、小孩打扮得漂漂亮亮的。太太穿大红裙、姨太太也叫如夫人穿粉红裙。穿大红裙、粉红裙不是个人喜好，这是规矩，不能搞乱。

在常州，周家亲戚朋友多，婚丧嫁娶不断，迎来送往，开销很大。周有光读中学后，祖母已过世，家庭经济入不敷出。即使这样，绅士架子还放不下，家中常年养着一位专门负责应酬的当差——二爷。周有光的母亲说"坐吃山空"不行，打算离开常州搬往苏州。为了这一决定家里开始吵架、闹矛盾。最后母亲带着她生的孩子去了苏州。从此，家庭分裂。周有光夸赞说：母亲的思想较之同辈妇女先进！她反对给女儿缠足，支持女儿读书。在当时，一个女流之辈要摆脱世代生活的家族圈子融入陌生的环境，需要有极大的勇气。

周家在苏州市中心十梓街有几十间明朝年间的老房子，每年房租收入不多。搬离常州之前，母亲原计划住十梓街。搬来发现老宅子太破旧，大修需要许多钱，加上了女们也不喜欢，索性卖掉另外租房。平时，周有光和他同样读书的五姐、九妹住校，只有节假日才回租赁于阔头巷的家中。房主同样是没落绅士人家，住着四进五开间的大院落。除了租给周家四间外，没有其他房客。虽说不如常州自家住宅宽敞、讲究，但是整幢宅院人口不多、环境清静，母子皆满意。

周有光一九二三年中学毕业，因家庭生活困难，选择报考不收学费的师范类院校。他被南京高等师范（一九二三年并入东南大学）录取。该校乃江苏省第一所中国人开办的高等学府，它的前身是一九〇二年创办的三江师范学堂。

然而，人的命运往往会在一念之间被一个偶然的机会改变。二十世纪四十年代以前，中国学校招生不像现在实行"统一考试"。那时，各个学校根据自己情况自定时间、自定考题招录新生。周有光在家等待南京高等师范开学，闲着无事，有朋友怂恿他再报考圣约翰大学试试。出于好玩儿，他和同学结伴去上海。

圣约翰大学一八七九年由美国基督教会设立于上海，初名圣约翰书院。一八九二年添设大学部，一九〇六年正式改为大学。先后设置神、文、理、医、工等学院。圣约翰大学培养出的学生水平颇高，平时考试成绩七十分为及格线。录取新生严而又严,宁缺毋滥。每年招取新生没有名额限制,以考生成绩为准绳,只要达到要求就录取。圣约翰大学的入学考试也有别于其他学校。考生连续考一周,除一天用中文答卷外,其余五天全部用英文解答。题量非常大,别说没工夫作弊,连思考的时间也不多,考生只有达到秉笔直书的程度才能完成全部试题。这样独特的考试方法,不但避免发生跑题、押题与舞弊现象,更能检验学生的基础知识和英文水平。一般说来自教会中学的毕业生英文基础较好,周有光虽然不曾在教会中学读书,但他以平时优异的学习成绩,轻松过关,并被录取。考取圣约翰大学可谓鱼跃龙门。在那里不光受到良好的教育,还可以获得宝贵的人脉资源——圣约翰大学的校友遍布世界,都是各行各业的精英,这是通往成功之路不可或缺的宝藏。

接到被圣约翰大学录取的喜报,全家人喜忧参半。新生报到先要交两百块大洋,按家中当时的景况,无论如何也筹措不出这笔巨款,周有光本人想放弃。然而,亲朋好友劝说:放弃实在可惜!正在一筹莫展之时,姐姐同事朱毓君先生鼎力相助,将母亲两箱子陪嫁借给周有光,送当铺当掉。

周先生说:"读中学和大学是家里最穷的时候。京戏有出《王定保借当》,王定保家境贫寒,借当赶考,最后考取状元。我考入圣约翰大学,也是借朱老伯母两箱陪嫁送到当铺,才凑足学费。"

周先生说,新生报到需要穿西装的照片。为了照相他还闹出大笑话。家里没钱买西装,所幸当年照相馆有出租服装拍照的业务。周有光从未穿过西装,平时也没注意别人是怎样穿戴这洋玩意儿的。照片取回,引得内行的同学哈哈大笑。原来他画蛇添足,不但系领带,还戴了领结。

这样的"洋相照片"当然不合格,只好返工重照。

圣约翰大学地处万航渡路。报到那天周有光下了火车,换乘当时国内唯一上海才有的电车。车辆行驶缓慢,车门不关,乘客可以随时跳上跳下。到达终点站静安寺下车,然后赶往西郊方向。那是上海郊区的一大片庄田,交通工具是独轮车。人力推行的独轮车车轮左右两边,一边放行李,一边载乘客。四五辆独轮车一路前行,在田埂小路上发出吱吱嘎嘎的声音,那景致煞是有趣。周有光入学后,曾在校刊上发表一篇《从火车站到圣约翰间隔一千年》的文章。"一千年"虽然略有夸张,但并非完全虚构。独轮车似与博物馆陈列的指南车一样。自宋仁宗天圣五年(一〇二七年)工部郎中燕肃始造指南车计起,至周有光先生坐独轮车去上大学整整跨越九百年。独轮车代表古代文明,圣约翰大学则是现代文明的象征。

圣约翰大学教材除传统的中国文学和中国历史外,其他全部是英文编写。英语是校园语,学校门房的传达人员都是一口流利的英语。周先生说,该校毕业生的外文、中文水平都非常高,到国外工作一点困难没有。周有光大学期间选修法文,并自学日文。

周先生坦言,语言应该属于全人类,不存在阶级性,更没有"主义"之分。他说,当今世界是全球化时代,要有一种通用语言,他赞成"双语言"化。

当年,圣约翰大学在校生是全国各院校中最多的。北京大学在校生两百人,圣约翰大学号称千人,其中大学生五百人,余者为附属中学学生。圣约翰大学无论从建筑规模、教学设施还是师资力量,皆堪称一流。学生多为达官显贵的富家子弟,是名副其实的贵族学校。比如宋庆龄弟弟宋子安的寝室就与周有光寝室相邻，每逢周末宋家姐妹便开车去接子安。周先生说自己大学时代是穷人过富日子，像他这样的贫困学生不多，但他们毫不自卑。学校风气好，同学之间不攀比家庭背景，以学识论高低。为能顺利完成学业，周有光一边上学，一边给工部局翻译文稿，寒暑假更要打工挣学费。

圣约翰大学校长是美国人卜舫济，娶了一位上海太太，能讲地道的上海话。卜舫济是世界名人，每年回美国募集办学经费，不但学养好，也是持家能手。多少年过去了，周有光还记得校长临下课时对学生们脱口而出的经典嘱咐："随手关灯！不然，电厂发财，我们就发穷了。"时至今日，"发穷"一词还常被周先生派上用场。

校园里绿树成荫，草坪成片，虽然是清一色的男生，但环境极整洁、极漂亮。周先生说当时学校的总务处长是高他几届的毕业生，同学们都不知道他的中国名字，只知道英文名字叫欧西利。欧西利聪明且能干，把学校管理得井然有序。有个别学生抄近路踏坏草坪，他因势利导，在这些地方摆放一些鹅卵石，供偷懒者踩踏。远眺，曲径通幽，十分好看。

圣约翰大学和其他教会学校一样有宗教活动。每天早晨同学千余人聚在大礼堂里，校长和教授们聚在礼堂讲坛上，由校长领导大家祷告、朗诵《圣经》，时间大约二十分钟。礼拜日上午有一两小时听主教布道。

周先生说成功的教育不单教会学生书本知识，更要教给学生学习方法，培养学生独立思考的能力。周有光进入圣约翰大学后，每天去图书馆看书、看报。有位英国老师跟他们讲读报纸也是有方法的，读报时要问自己：今天新闻中哪一条最重要？为什么重要？它的历史背景是什么？不知道就想办法弄明白。周先生说，此后他查阅最多的是《不列颠百科全书》。学生时代培养的科学读报方法使他在以后的研究工作中获益匪浅，同时也和《百科全书》结下不解之缘。"文革"后，周先生是翻译《不列颠百科全书》的中美联合编审委员会和顾问委员会中方三委员之一，是《中国大百科全书》总编委委员，是《汉语大词典》学术顾问。所以他的连襟沈从文先生戏称周先生为"周百科"。

（二）"五卅惨案"与"六三离校"运动

二十世纪初，日本帝国主义利用不平等条约的特权，在中国境内开设各种工厂。其中，资本雄厚的"内外棉株式会社"在中国有十六个工厂，十一个在上海。中国工人在"内外棉"工厂做工分日夜两班，每班十二小时，女工和童工每天工资不过一角多一点（折合五美分），尽管如此辛劳、廉价，还经常挨打受骂并被随意克扣工钱。

一九二五年二月一日，"内外棉八厂"传出大批成年男工和女工被开除的消息，并且发生逮捕和殴打工人事件。二月九日，工人开始罢工，抗议开除工人。罢工浪潮很快波及日本在上海的二十二个纱厂，人数多达四五万。罢工的口号是"反对东洋人打人！"

这次罢工得到上海学生联合会等民众团体的支持。半个多月后经上海总商会出面调停，日本厂方接受工人提出的"不许无故打人"等四个条件，工人获得初步胜利，于二月二十五日宣告罢工结束。

一九二五年五月初，"内外棉八厂"又连续发生打伤工人和开除工人代表的事件，引发小沙渡一带几间日本纱厂工人抗议性的罢工。五月十五日，日籍职员举枪向手无寸铁的罢工人群开枪，造成八人重伤，中共党员顾正红身中四弹,当场毙命。

当年,上海只有南市区归中国人自己管辖,其他地界分别为公共租界、法租界和日租界。成立于一八五四年的工部局是鸦片战争之后,英、美、日等帝国主义在上海、天津等地租界设立的行政机关,是帝国主义执行殖民政策和奴役中国人民的工具。工部局主要掌握在英国人手中。

对于顾正红被枪杀事件,上海工部局不但不依法追究肇事者的责任,反而禁止工人集会并逮捕一些罢工工人。帝国主义的行径首先激怒了上海各校的青年学生。上海学生联合会当即发动学生进行街头讲演,募捐救济被害者,为顾正红举行追悼大会。对此,租界当局采取压迫措施。

五月三十日下午,上海学生又分途在租界作街头讲演。三时许,一个外国巡捕抓住两名讲演的学生,向老闸捕房行进。跟在后面的有两百多手执小纸旗的讲演学生和无数看热闹的群众。当这一群人挤到老闸捕房门口时,即遭受巡捕们的排枪射击,死伤数十人。

帝国主义在光天化日之下,制造了震惊中外的"五卅惨案"。

六月一日,由全国学生总会和上海总工会、上海学生联合会、上海总商会及各马路商界联合会共同组织成立"工商学联合委员会",掀起全市各界反抗外力压迫的罢工、罢市、罢课运动。

北京、南京、广州、武汉、青岛、长沙、天津等近五百个城镇人民蜂拥而起罢工、罢市、罢课并通电、捐款声援上海,形成全国规模的反帝怒潮。七八十年后,当时在苏州读中学的张兆和(周有光的妻妹、沈从文的夫人)讲起"五卅惨案"时给我唱起抵制洋货的《卖布谣》:

　　卖布、卖布,我有中国布。

卖布、卖布，没有外国货。

请诸位、买几匹，做鞋、做袜、做衣裤。

价便宜、料坚固，真正穿着不破。

六月二十六日，上海总商会和马路商界总联合会宣布停止罢市。工人的罢工坚持了三个多月，于八月中旬开始陆续复工。上海各校包括外国教会办的学校都实行罢课，学生们甚至与外籍学校当局发生严重冲突。圣约翰大学由罢课演变为"六三离校"运动，导致学校停办多年。日后，圣约翰大学虽然重新恢复，但已今非昔比，校长一职也改由中国人担任。

"五卅惨案"改变了周有光求学乃至人生的轨迹。

上海轰轰烈烈罢工、罢市、罢课的时候，工部局严禁教会学校学生上街，只准在校园内开会、演讲。"五卅惨案"发生，青年学生的怒火在胸中燃烧。六月三日，圣约翰大学的学生们为抵抗帝国主义戕害我同胞，要降半旗悼念死难者，却遭到校方制止。操场旗杆下，一方坚持降半旗，一方不准允。双方开始争夺升降的国旗。美籍校长说："我们政府不同意。"同学们反驳说："工部局怎么是我们政府？是帝国主义！"周有光的同班同学聂光墀喊到，"打倒帝国主义！"场面呈白热化。学生会组织即时召开全体同学紧急会议，中国籍的教职员工亦参加支持学生的行动。与此同时，校方也召集外籍教职员工开会，研究如何应付学生。

双方谈判。学校拒绝答应学生提出的上街游行、降半旗等要求。矛盾无法调解，中国师生果断决定离开学校。对于学生的"离校"决定，校方始料未及。他们没有想到学生会如此决绝。

事情来得突兀，绝大部分同学家在外地，在上海除了学校没有其他落脚地。尽管如此，同学们宁可露宿街头也不妥协，立即动手收拾行李。他们动情地说："吾爱吾师，吾尤爱祖国。"听周先生讲到此的那一瞬间，浮现于脑际的是荆轲"风萧萧兮易水寒，壮士一去兮不复还"的悲壮画面。然而，同样的离去，同样的告别，却是那么的不一样，那么的不相同。如果说古代荆轲刺秦王的离别是悲壮，那么八十年前师生的"离校"不是恨别，而是惜别；不是悲壮，而是豪壮。

周先生说聂光墀的思想并不左倾，是规规矩矩的读书人，家里很有钱。我们离校的中国学生都是出于民族义愤。日常，同学们和外国老师的关系非常好，校长经常给我们授课。我们真的很热爱学校，喜欢校长，尊敬老师。但在大是大非面前，我们还是舍弃小我，以国家民族的利益为重。

"五四"以来，蓬勃发展的民主思想，千年变革的浪潮激荡着年轻人的心。是时代前进的车轮催生了解放与革命、反抗与破坏。我羡慕那热血沸腾的一代，拥有那样的青春年华，不枉此生！

在圣约翰大学的离校学生走投无路的时候，是同根同种的兄弟及时伸出援助之手。南洋公学的联络员真挚地说："我们支持你们！搬我们这儿来吧，我们搭地铺，床位让给你们。"圣约翰大学的同学们扛着行李去市区徐家汇的南洋公学。当晚，南洋公学师生召开大会，热情欢迎圣约翰大学的离校同学。

燃眉之急解决了，可是随之而来的困难呢？

周先生说，离校之后，他经历过一段异乎寻常的苦闷时期。忧国忧民的同时，也为个人前途和生计焦虑。过去，依附圣约翰大学，他可以利用课余和假期打工维持学业。不管多苦多难，心里总寄予一个希望——

只要毕业就前途似锦。那时一般大学毕业生参加工作，每月收入八十块钱；而像圣约翰这样名牌大学的毕业生不但谋职容易，薪金也高，每月一百块。可眼下呢？一切都变得渺茫。然而,中国知识分子是压不垮的！离校师生没有涣散，更没有消沉，他们为未来谋划着。他们有志气创办一所更好的大学，以示光耀中华。因此，新校命名为"光华大学"。

在最短的时间内试图白手起家建立一所私立大学，谈何容易！人们知道要创办一座名校，关键在校长。物色一位德高望重的人物担任校长是当务之急，这位校长既要能筹措到办学经费，又要能得到学术界的尊重。上海各界一致推举张寿镛先生,张先生是清代科举出身的儒家学者，又是自学成为理财能手的现代人才，他曾任江苏省财政厅厅长、国民政府财政部次长。

创办之初，光华大学的生源主要来自圣约翰大学的离校学生和新招的一些学生。圣约翰大学的离校生不用考试，直接入学。生源解决了，还有师资和经费问题。张寿镛校长首先聘请到当时威望最高的朱经农和廖茂如两位教育家，通过他们聘请国内外著名学者，壮大教师队伍。不少学者出于爱国心，纷纷来光华大学任教。教授阵容光辉夺目，丝毫不亚于圣约翰大学。光华大学设文、理、商等学院,成为全国大学界的翘楚。筹建之初最棘手的是经费，国民政府经济困难，教育部拿不出钱。周先生说，圣约翰大学的学生多数出自名门或南洋富商之家。张校长发动离校学生，动员家长捐助。很快，离校学生家长王省三先生捐助上海大西路法华镇地皮一百亩，又得到菲律宾等地华侨捐建二座教学楼的钱款。

为了不使弦歌中断，不使离校师生因等待而离散，必须在筹建新校园的同时，尽快开学。周先生说光华大学能在暑假后顺利上课，有两位学长功不可没。一位是陈训恕，一位是史乃康。他们都是"六三离校"学生，在离校时已经毕业，没有来得及拿文凭。他们承担起光华大学紧急开学的重任。于是，在霞飞路租民房做临时教室，在大西路新校园的空地上搭建几个芦席棚做临时大课堂。

史乃康不但是周有光圣约翰大学的校友，也是他常州中学的学兄。史乃康知道周有光家庭经济困难付不出学费，就通知周有光："校长室需要一名文书员，将在同学中招考，半工半读。"经过考试，周有光被录取，免除学费，每月另有三十元津贴。他的工作是按照规定书写往来中、英文的书信。周先生说他就是在木板和芦席搭建的临时大课堂，聆听包括张寿镛校长在内的多位著名学者的教诲。

光华大学校舍建筑辉煌，办学原则是按照当时公认为先进的英美教育方法，实行学术自由，教授治校。光华大学由于日本帝国主义激起的"五卅"运动而兴办，校舍又在一九三七年抗日战争全面爆发中毁于侵略者的炮火。日本人最恨"光华"。抗战时期，在上海，学校不敢用"光华"的名字，随后分别改为格致学院和正诚学院两所学校，在租界内租房子办学。在成都，国民政府拨出一大片地由光华大学副校长、会计界元老谢霖建立光华大学成都分校——成华大学，使其薪火相传。

三、初涉社会

□ "我的人生准备阶段"

一九二七年，周有光于光华大学毕业，蒙张寿镛校长垂爱留校任教，在大学部和中学部教英语。因受欧美影响，周有光一直有"语言只是工具，不是学问"的思想，他不甘心一辈子教外语。

一九二九年，著名教育家、哲学家孟宪承先生在无锡社桥创办江苏民众教育实验学校，后改名江苏民众教育学院。孟先生找周有光和圣约翰大学另一名校友阎敦建同去无锡。阎敦建所学专业是生物学。周有光在民众教育学院教书，同时兼任江苏民众教育实验区指导。

孟宪承，武进人。一九一六年毕业于圣约翰大学，九月到北京清华大学任教。一九一九年孟先生出国留学，入美国华盛顿大学，主修教育，副修哲学，师从著名学者杜威，仅用一年时间修满学分毕业。一九二〇年十一月赴英国，在伦敦大学研究所继续深造。一九二一年学成回国,任东南大学教授。一九二三年被母校圣约翰大学聘为教授,兼国文部主任。恰是这一年,周有光考入圣约翰大学,成为孟先生的高足。

一九二五年五月三十日,上海发生震惊中外的"五卅惨案"。日本军国主义的血腥杀戮,激起圣约翰大学华人师生的爱国热潮。六月一日,孟宪承先生以国文部主任身份召开"约大"教授会议。他说:"假如做一个学生,只知自己是'约大'学生,而不知是中华国民。看到同胞为外人屠杀漠不关心,这对我们平日所讲的国民自觉教育将无法自圆其说。今后,我们也无颜再以学问、文章与学生相见于讲台。"

六月三日,"约大"五百多名华人师生,在孟先生等人带领下走出学校,宣布与圣约翰大学脱离关系。圣约翰大学的离校师生,旋即联合上海社会有识之士筹建中国人自己的大学——光华大学。孟先生是光华大学筹备委员会十二名筹委之一。孟先生为创建光华大学功不可没。但光华大学正式开学,他却离开上海,同时也拒绝上海公共租界工部局聘其出任华人教育总管一职。为了避嫌,也为了平衡各方关系,孟先生选择去南京中央大学任教。

孟宪承先生一辈子在教育领域辛勤耕耘,桃李满天下。新中国成立后,孟先生出任华东军政委员会教育部部长、华东师范大学校长。对于恩师在文化大革命中的遭遇和离世,他不止一次对我念叨,"想不到孟先生也被搞死。"

周有光先生说:"孟先生走教育救国的道路对我影响很大。到民众教育学院后,我看了许多外国有关民众教育的书。通过这些,深刻认识教育可以为社会做大事情。民众教育开始于欧洲工业化时代,它是资本主义制度下新的教育思潮。资本主义文化是让大多数人受教育，而封建主义文化只服务于少数人。"

十九世纪英国工业化革命后，对农副产品需求大大增加。许多东西要从丹麦进口，丹麦成为英国的农村。为改变农村的落后状况，提高农民的文化水平，欧洲兴起民众教育的浪潮。其中，影响最大的是丹麦著名教育家格隆维。他深入农村，向农民传授生活常识和社会历史等基本知识。他认为人有了基本知识，就会自动学习科学技术，掌握生产技能。周先生说，教育不单要教会一加一等于几，教会算术，还要进行思想教育，提高思想水平。一个人既要有自然科学知识，又要有社会科学知识。这样的人，才是一个人格完备的人。人格完备了，才能促进社会进步。江苏民众教育学院的办学方针，有别于格隆维直接面对农民，而是为提高国民文化水平培养师资，相当于现在的师范院校。学校的办学经费，由江苏省教育厅拨款。新中国成立后，江苏民众教育学院合并到苏州大学。

一年后，孟宪承先生应朋友邀请又去杭州办浙江民众教育学院，周有光随其前往。周有光到杭州不但教书，还协助孟先生编辑《民众教育》杂志。他常常在上面发表文章，介绍国内外教育动态，宣传教育的重要性。这本刊物很受欢迎，发行量很大。

浙江民众教育学院校址在西湖边上的大方伯路，环境优美。当时，西湖周边仍然叫"旗下"。旗下，就是清朝八旗兵驻扎的地方。当年，汉人是不能随便靠近的。周有光先生说，在孟先生身边工作虽然繁忙，却轻松愉快。不知不觉中患了一两年的忧郁症，不治而愈。

孟宪承先生选贤任能，办学思想开放。浙江民众教育学院不仅聘请留学美国的教育博士尚仲衣、日本留学归来的"国歌"曲作者程与松，也放手起用崭露头角的年轻人，如周有光、阎敦建、钟敬文等。

说起程与松为"国歌"谱曲，还有一段小插曲。当初，国民党文宣部门以孙中山"三民主义，吾党所宗，以建民国，以进大同……"作为党歌歌词，向社会征集谱曲。程与松按规定谱写完成，但自己不满意，就将它丢进字纸篓。他的夫人在一旁说，既然写好，不妨试试。听了夫人的话，他捡起曲稿用手抚平，装进信封，贴三分钱邮票，寄给有关征集部门。幸运之神降临了，他的曲子不但雀屏中选，还获一千块奖金。后来"三民主义"歌，又被定为"国歌"。

浙江民众教育学院移风易俗，男女同校。学校里不但有女老师，也有女学生。周有光先生温文尔雅，一表人才，是众多女孩子倾慕的对象。周先生坦言："我在杭州真是交桃花运，许多女孩子追求我。当中有两个女学生不仅读书好，人也漂亮。但当时我只想留学，所以非常谨慎，不敢和追求我的女同事或女学生拉手，从不和她们出去玩，也不随便到西湖边上散步，只在房里用功。那时糊涂一点，就麻烦了。"

一九三一年底或一九三二年初，孟宪承先生辞职他往，把学校交给尚仲衣。尚仲衣，河南人。在美国读教育博士，毕业论文写得精彩，孟宪承欣赏其才华。尚仲衣接手学校，在高年级开设新闻学。周先生说："新闻报道是外国来的，有五要素，有点像八股文的破题。主要讲什么是新闻，怎样做新闻记者。这在当时，算是一门新学科。"因为周有光经常在报纸上发表一些新闻类的文章，尚仲衣让他讲授这门选修课。

一九三二年底，进行学期终了考试。周先生出好考题却临时生病，遂请另外一位同事代为监考。没想到,考堂上有人挑头闹事。他们以题目太难为由,拒绝答卷,许多人交了白卷。拒考事件发生后,有人告诉周有光,国民党认为尚仲衣领导下的民众教育学院越来越左倾,所以,部署他们秘密党员学生反对左倾教员。国民党视周有光为左倾教师之一,加以反对。

周先生说:"此说不知真假,但也并非空穴来风。当时,国民党和共产党斗争很厉害。国民党不但要武力消灭共产党,也要在思想上肃清共产党的影响。而杭州又聚集许多思想活跃的年轻人。比如,经常给《浙江日报》副刊写文章的聂绀弩。他非常有才华,我们是文友,时有往来。杭州是国民党严格控制的地方。不管'拒考'有无政治背景,我都决心出国留学。"

随即,周有光先生辞去月薪一百六十元的教职,离开杭州。他说:"一九二七年至一九三二年,这五年是我人生准备阶段,不是正式阶段。我的同学十有八九到欧美,我的心不定。一直想继续学业,但家庭需要我工作。所以,我很少讲这段生活。"

□ 恋爱与婚姻

周有光先生小书房的墙壁上,挂着一幅他和夫人的彩色照片。照片是上世纪九十年代初期照的,先生和夫人并肩站在花丛中低头看书。夫人张允和身穿紫色中式上衣,"张氏"特有的发辫从右至左盘在头顶。虽然,她常对镜头后的摄像师笑说:"不好意思,老了。"但,风韵不减

上世纪 90 年代初，周有光夫妇
在"语委"院内

当年。看着面前的这幅大照片,让人不禁想到青梅竹马、两小无猜,想到《红楼梦》"宝黛"同看《西厢》。我好奇地问周先生:她是您的初恋吗?结果并非如我所想象的那么浪漫。

周先生说:"我第一次接触女孩子是在情绪最坏、思想最苦闷的时候。"

一九二五年"六三离校"运动后,圣约翰大学的学生各奔东西。有条件的同学,或到其他学校读书,或转到北京。周有光没有条件,太平时期他可以利用节假日,为工部局翻译文稿或做其他工作挣钱补贴生活。罢工,罢市,上海店铺都关门了,找不到工作;在上海无依无靠,又不知形势如何发展。他心情低落,提前回家。

有趣的是回到苏州阔头巷没几天,房东李老太太让用人招呼他过去。来到李老太太房里,看见一位学生打扮的姑娘。李老太太介绍说这是她的侄孙女,姓魏,在苏州景海女子中学读书。放暑假,过来陪她。李老太太让周有光没事的时候教教她功课。

李老太太家有四五进房子,她自己住二进,三进租给周家母子,四进是李老太太儿子住。从此,魏小姐天天到后面找周有光,两人念完书也聊天。有一天,魏小姐突然哭了。说她的男朋友在南京金陵大学念书,姓潘。本来他们相处得很好,现在男生却离开她。魏小姐父亲早逝,只剩下母女俩生活。家里有钱、有房产,但男方家嫌魏母曾经患有精神病,怕日后麻烦。当时,虽然已经时兴自由恋爱,但父母之命还是要听的。男生家在南京有房子,父母不准他回苏州。

魏小姐就读的景海女中是教会学校,她会唱许多英文歌,也会跳舞。她教周有光唱歌、跳舞。一次跳舞,她突然亲吻他一下。周先生说:"当时吓得我心怦怦跳。"魏小姐急于找丈夫,可周有光还想继续学业。虽然两人想法不同,但也糊里糊涂交往着。

不久,周有光接圣约翰大学学兄史乃康电报,让他立即回上海参加光华大学的筹建工作。他又能返回校园读书了,苦雨愁城中刚刚萌发的初恋,就这样匆忙结束了。后来,两个人在上海碰到过。"魏小姐的英文好,在银行里面工作,生活挺好的。"

一九九九年,沈从文夫人张兆和讲她和二姐张允和少女时代的往事。她说:"一九二四年,'乐益'(苏州乐益女子中学,是她们父亲张冀牗一九二一年变卖部分家产创办的学校。——笔者注)号召高年级学生和刚入校的小同学拉朋友。一对一对到礼堂或操场谈话。大朋友向小朋友介绍学校情况,互相鼓励,互相帮助。周有光妹妹周俊是二姐的小朋友。后来,她们成为姑嫂。

"我的朋友杨瑞菌,毕业分开了,但友谊一直保持着。一九四六年冬,沈从文先回北京。我带龙朱、虎雏走水路要经过秦皇岛。本来秦皇岛是不冻港,那年也冻了。轮船滞留青岛一个多月,在船上等秦皇岛的消息。两个孩子没事就画轮船,画起重机装货、卸货,画得非常好。当时杨瑞菌家在青岛,常常上船给孩子送好吃的。从小长大,情同手足。"

周有光先生也说,过去人与人之间的友谊比现在纯洁。年轻人在一起非常有趣,玩的比现在有情调。苏州许多人在上海、南京念书,一到放假都回去。特别是春暖花开,放一个星期春假,一群年纪相仿的男女青年,有同学,有朋友,有邻居,骑驴去虎丘郊游。骑驴很好玩,一路慢悠悠,有说有笑。"允和是九妹朋友,常常来我家,也和我们一块去春游。东山在太湖边上,比较远。从阊门到东山,小船要走一天。

1932年春，张允和在杭州灵隐寺

我们是鱼米之乡，水上生活有趣。在船上请客叫'吃船菜'。船上有名的厨师要预定，烧出的菜，美极了。我和张家姐弟都熟。记得经常和我们玩的男青年除大弟宗和，还有他的同学窦祖麟。他们两家住得近，我们和张家稍稍远点，不过苏州当时也不很大。祖麟天天去张家，张家的干干（保姆）们叫他'萝卜干'。三妹兆和不跟我们去，她另外有一帮朋友。"

一九二七年，张允和考取上海炮台湾的中国公学。有一次张家托周有光五姐给允和捎东西，周有光第一次给张允和写信。虽然相识几年，少女的矜持还是令她没了主意，拿了信，找大她几岁的学姐胡素珍商量。胡素珍说，人家规规矩矩给你写信，你若不回，反而不好。尽管写了复信，但之后周有光两次去中国公学看她，张二小姐都没见，让门房传话说，"张小姐不在！"

一九三二年初，爆发"一·二八"事变。上海顿时成为混乱的战场，火车不通。为了安全，张允和经水路和公路到杭州之江大学借读一学期。

周有光先生说："母亲来杭州玩，去六和塔边上的之江大学看张允和。一进去，校长就喊'张允和，你妈妈来了'。我母亲开明，不干涉我的婚姻。允和父亲更是如此。有媒人找她父亲，她父亲说现在自由恋爱了，不兴做媒。要做媒，直接找她本人。

"允和到杭州借读，去我们学校看我，同事们误认为是我女朋友。惊呼：'有这么漂亮的女朋友，当然不要旁人。'其实，我们认识多年，并未正式恋爱。后来三姐来杭州劝我，不能和女孩子拖太久。不要耽误女孩子，要与允和明确关系。三姐回上海，由四妹充和引见向允和父亲

张允和(1930年)

1932年春，在杭州六和塔下，
恋爱中的周有光第一次为张允和
拍照片

1938年，周有光、张允和在重庆南温泉

和继母提亲。一九三二年确定关系，一九三三年四月结婚。"

一九三二年底，周有光因"拒考事件"，离杭返沪筹划未来。此前，张允和已结束之江大学借读，回上海参加光华大学毕业典礼。张允和曾嬉戏地说，她和周有光热恋"适逢有光下岗、待业"。婚前，周有光也对恋人说："我很穷，怕不能给你幸福。"她回答："幸福是要自己去创造的。"张允和相信，自己选的郎君一定会有所作为。她对周有光不离不弃，爱恋之情有增无减。他们去北四川路电影院，看美国无声电影《七重天》、《铸情》。去吴淞海边看海、看天……

张允和晚年常对人讲：婚礼选在四月三十日这个尽头日子举行，是应了"阴错阳差"那句老话。

周有光、张允和谈婚论嫁的时候，正是中国社会新旧思想变革的年代。受过高等教育、满脑子新思想的两个年轻人，要办一个既喜庆又节俭，既庄重又不落俗套的婚礼。举办婚礼的地点选在上海八仙桥青年会。那里有礼堂可以举行仪式，有餐厅可以请客吃饭，有咖啡厅可以聊天，有客房可以住宿。为了让更多朋友、同学参加，他们把佳期定在四月二十三日，礼拜天。

两百张喜帖印出来，先送给张家最年长的大姑奶奶过目。大姑奶奶查过皇历，叫着允和的乳名说："小二毛，这个日子不好，是尽头日子（阴历的月末），不吉利。"俗话说，"不听老人言，吃亏在眼前。"他们忙忙改为下一个礼拜天——四月三十日。大姑奶奶这回说："这日子很好！"得到大姑奶奶的首肯，允和"心中暗暗好笑，我们选中的正是真正的尽头日子——一九三三年四月三十日。只不过姑奶奶躲的是阴历尽头，我们选的是阳历尽头"。

1933年4月30日，周有光和张允和结婚。照片背面是沈从文写的"张家二姐作新娘"

四月三十日中午，新郎、新娘喜盈盈恭候嘉宾光临。张允和父母、周有光母亲都来了。证婚人是新娘的恩师李石岑先生。婚礼现场别开生面，桌椅摆成幸福的马蹄形；白俄少女哥娜从始至终弹奏钢琴，曲调舒缓、优雅，令人如醉如痴；两位新人虽然没有向众人朗声宣说"我愿意"，但这三个字分明写在脸上，荡漾在心头；四妹充和的一段昆曲《佳期》，将欢乐、喜庆的气氛推至高潮。

筹备婚礼的时候，张家干干不放心，偷偷拿了二小姐和新姑爷的生辰八字算命。算命先生说："这两个人都活不到三十五岁。"也许是大姑奶奶改的日子好——旧的走到了尽头，就是新的开始。

一九八九年八月十二日，允和先生八十大寿，三妹兆和送贺礼并写信说：自从有光兄第一次在九如巷众弟妹包围下，无可奈何腼腆地唱《卖布谣》之日起，六十余年你们相亲相爱，同命运，共患难，相处无间，是我所知道的亲友中稀有的一对和谐理想夫妇。真难得！太不容易！

诚如兆和先生所说，直至二〇〇二年八月十四日允和谢世，夫妻二人双栖双飞，相濡以沫将近七十载。西方人讲五十年是金婚，六十年是硬度最强、最稀少的钻石婚。那六十五、七十，是神仙才有的幸福婚姻。

□ 留学日本

周有光先生说，允和父亲开明，女儿结婚不但没有要男方家彩礼，还给两千银洋做陪嫁。亲戚、朋友知道新郎没钱，都送钱。当时上海有一种礼券，可以在大百货公司买东西，可以存银行，也可以兑换现金。婚礼操办完，不但没贴钱，还剩下四百多元。他们没有添置衣物，而是凑在一起准备出国留学用。因为钱不多，他们决定去日本。周有光把母亲送到东北三姐家。三姐夫在日本学习医药化学，学成回国就职于长春铁路局附属医院。铁路系统薪金高，待遇好，职工家属每年有免费优待的火车票。这一待遇，一直延续至新中国成立后许多年。

一九三三年十月，周有光携新婚妻子张允和赴日本。抗战之前去日本，不用办护照。头天从上海上船，第二天就到日本，非常便捷。周氏夫妇搭乘日本客轮"长崎丸"号，出发前，上海港已挂"台风珠"。可是，"长崎丸"仍然准时起航了。

轮船驶出吴淞口，张允和开始翻江倒海呕吐不止。原以为晕船，实际是妊娠反应，一条新生命正在孕育。途中，风浪越来越大。轮船失去平衡，厨房炉火倒出，几成火灾。经海上紧急呼救，救护船来。在它的帮助下，避免一场海难。"长崎丸"本应在东京湾停泊，因台风，不得不就近在神户靠岸。

辗转抵达东京，周有光夫妇暂住中国青年会。一俟找到合适的出租房屋，就搬过去。他们觉得和当地日本人住在一起，便于了解日本民族的风俗习惯，也有利于学习日语。周有光出国之前自修过日语，可以书面翻译，但听、说方面稍差。张允和没学过，就认认真真从头学起。她每天晚上去中国青年会办的学习班上课。

当时，日本报纸非常好，文字全部有注音。借助注音学习日语很方便，周先生每天认真看报。据说早年田汉到日本，日文不行。周有光三姐夫屠伯范每每带他去一条小剧场街看戏。通过听和看，田汉不但学习了日语，也奠定了他的戏剧造诣，回国提倡话剧，成立南国社。

周先生说日本进入文明时代比较晚，相当于中国的唐朝时期。日本受印度佛教影响大，但不是直接从印度学习，而是间接从中国传去的。日本人和中国人虽然长相差不多，同属蒙古人种，又是近邻，但民族风俗、民族性格又有很大区别。

日本人喜欢洗澡，洗澡几乎是生活中不可缺少的内容。"二战"之前，日本老百姓生活水平和中国差不多。家里普遍没有洗浴条件，男男女女都去公共浴池洗澡。日本的公共浴池多得不得了，无论多么小的街巷都有。在小城市、小地方，公共浴池不分男女，统统在一起。虽然，东京的浴池分男女，但中间也只是一块没有一人高的隔板。

周先生说有些地方，像太平洋上的一些岛国，现在还不穿衣服。羞耻感在各民族标准不一样，裸露的部位也不相同。羞耻感是进入"文明"以后才有的，是后天的。日本人穿的和服是中国人传去的，最早从江浙一带吴语区传去。所以，和服也叫吴服。中国人穿裤子是从赵武灵王的"胡服骑射"开始，裤子是骑马民族发展起来的。人类穿衣服很晚，穿裤子最晚，开始只是一条布，叫"袴"。人类离开野蛮并不遥远。

古代中国人跪坐。跪坐就是臀部紧紧挨着脚后跟，不能随意伸开两腿，像簸箕。孟子曾经因为妻子"箕踞"要休妻。孟母问孟子：你进门前她是否知道？孟子回答：不知道。孟母说错在孟子，孟妻无错。周先生说从这个故事表明，古人先有袍子，后穿裤子。

热海是日本著名的旅游观光地。热海就是海中温泉，许多人去洗澡。在那儿，男人给女人搓澡司空见惯。

周有光夫妇到东京几个月后，妻子允和因怀孕一人回国，他留下准备考学。东京的许多朋友建议他报考早稻田大学或东京帝国大学。但是，他十分敬仰京都帝国大学的社会主义经济学家河上肇教授，执意报考京都帝国大学。考期将近，他一人到京都。考试进行三天，题目很难，也很严格。他回忆说，考题内容特别是专业方面的题目，若用他当时日文水平回答比较困难。他的英语好，而日本非常重视英语，他就用英文答卷。发榜的时候，他毫无悬念被录取。这让许多老留学生都很羡慕，因为京都帝大比东京帝大还难考。

但是，去不去上学，他自己却犯了难。当初选择京都帝国大学，是冲着读河上肇的研究生。由于消息闭塞，考取之后才知道，因河上肇所秉承的政治观点和政府政策相悖，而遭政府打压。此间，河上肇不但失去学术自由，连行动自由几乎都被剥夺。而来日本更大的失误是日本不承认中国学历，这是他始料未及的。

原计划到日本考毕业生院（即研究生院），去了才知道，中国大学学历日本不承认，必须重读本科。尽管有个别科目可以免修，但至少还要学习三年。正式开学后，周有光发现自己所学的经济学（即银行学）专业，并不是京都帝国大学的强项，教学水平一般。

周先生说当初日本自然科学学习德国，社会科学学习美国，后来才全部学习美国。美国的自然科学和社会科学，都比日本高很多。美国无论教育水平，还是研究条件都是日本无法相比的。当时，去日本不是自己的本意。其实，还是胆子小。如果，胆子大一点，去美国闯一闯，说不定能闯出来。在美国，可以半工半读念学位。

他慨叹："一生都在动荡中，不能按自己想法实现。但我始终没有放弃目标，仍然不断自学。学问要自学，要独立思考，要有个人创造"。

京都帝国大学平时上课自由、宽松，但考试很严格。考虑本科毕业读研究生院还要三年，前后加起来至少六年，他读下去的兴趣越来越小。张允和回国后，已于一九三四年四月三十日生儿子晓平。家中老母、新生的儿子都需要他养。权衡利弊之后，周有光先生于一九三四年底弃学回国。

回到上海，经圣约翰大学同窗好友杨成一举荐，去江苏银行工作，并在光华大学兼职。

四、"救国会"、"七君子"

早听说周有光先生是"救国会"会员,他和夫人张允和与"七君子"不但相熟,有的还过从甚密。"七君子"事件是二十世纪中国历史上的一大名案。那天,周先生的故事就从"救国会"、"七君子"讲起——

"救国会"是一九三五年底,在蒋管区一片白色恐怖下产生的。它的创立者和领导者是思想先进、热情爱国的各界人士,其中包括进步的民主人士、失去组织关系的中国共产党秘密党员,以及国民党内爱国的左派人士,如宋庆龄、马相伯、何香凝等都是全国各界救国联合会的领导人物。"救国会"滥觞于上海,旋即漫延全国各地。

"救国会"不是政党组织,它是统一战线性质的群众组织。它的宗旨是组织群众爱国救亡运动。然而,它后来的活动远远超出当初的宗旨。"救国会"是反独裁不可忽视的力量,它为推动中国民主运动起了不可磨灭的作用。周恩来曾称赞"救国会"

创始人之一的沈钧儒先生，是"民主人士左派的旗子"。

上海抗日救国活动开始于一九三五年，沈钧儒、邹韬奋、章乃器、陶行知、李公朴等两百八十多人联名发表《上海文化界救国运动宣言》，并宣布成立上海文化界救国会。彼时，日军侵占辽、吉、黑三省之后又进犯热河，民族存亡危在旦夕。而蒋介石仍然热衷内战，坚持"攘外必先安内"的政策。鉴于此，上海文化界救国会率先发表宣言，要求政府停止内战，团结一致抵抗侵略。

接着，妇女救国会、大学教授救国会、职业界救国会、新闻界救国会、学生界救国会、工人救国会以及全国各地的各行各业"救国会"如雨后春笋般相继成立。成立的这一连串"救国会"并没有专门的办事机构，也没有专职人员，办公大多在家里或所在单位的办公室，组织活动以读书会、座谈会、报告会的形式。《救亡时报》是它的机关刊物，每周发行一期，特殊情况印"号外"。

"救国会"早期的活动主要是发表宣言；对各党各派做工作，促进联合抗日的进程；每逢国耻日，如"一·二八"、"五卅"、"九一八"等举行纪念活动，唤醒民众爱国热情。除了思想宣传，也参与抗击日本侵略者的实际斗争，如募集捐款，慰劳"绥远前线"将士；组成以沈钧儒、胡子婴、顾留馨等为首的"日商纱厂罢工后援会"，把募捐来的钱，买了米票直接发给生活困难的罢工工人。

周先生参加"救国会"活动与主张抗日的中坚人物章乃器有直接关系，他与章乃器相识于上海的中国征信所。"征信所"是银行界创办的信用和市场调查机构，为各银行提供每天的信用调查和市场调查报告。他们出版的《行名录》在业界极具权威性。"征信所"创办之初，由上海银行界选出几家有代表性的银行，各出一人组成董事会管理所务。周有光先生代表江苏银行，章乃器先生代表浙江实业银行。章乃器因"才能出类拔萃，被推举为董事会的董事长"。董事们按约定每星期有几个中午到"征信所"用餐，借共餐时间商议工作。

周先生说："我在认识他之前就看过他的文章。他的文章气势之盛，立意之新，在抗战前夜，许多青年人读了拍案惊奇，深受感染。我以为他可能是一位趾高气扬，难于接近的人。一见之下才知道，他对人是低声说话，平易近人。"因为敬佩章乃器的才华，周先生与章乃器常相过从。经过一段交往，两人发现彼此不仅业务见解相同，政治见解也相同。于是，他们成为说得来的朋友，章夫人胡子婴与周夫人张允和的友情也持续终生。

抗战之前和抗战期间，章乃器是公认的左派，是"七君子"之一。新中国成立，是国务院粮食部部长。然而，天有不测风云，一九五七年被打成右派，撤职降薪、劳动改造。说来也巧，接任粮食部长一职的沙千里也是"七君子"之一。有"反右"运动的积极分子就说："章乃器是假君子，沙千里是真君子。打倒一个假的，来了一个真的，这很好。"周先生说："沙千里这个人的确非常好，和我的关系也好。但是章被划为右派，许多朋友特别与他共事多时的上海朋友，心中还是狐疑。"此乃后话。

一九三五年，日军侵略得寸进尺，越逼越紧，"抗日救亡"成为各界有识之士的当务之急。周有光在章乃器建议下参加刚刚成立的"救国会"，他们从业务同行成为政治同道。周先生说，一个星期六的晚上，中国银行的钢条大门早已关上，周围很静。他从后面小门进入楼内一间小客厅。里面除了章乃器,还有中国银行蔡承新副经理和彭石年,湖南督军赵恒惕的弟弟、美国西点军校留学生赵君迈等人。银行界这个活动小组,有会员十余人。大家在一起谈论时局变化,谈有关抗日的一些问题。

此后,每星期至少有一个晚上举行集会。领导人章乃器,联络人蔡承新。临时需要开紧急会议,由蔡承新通知大家。此前,周先生家眷从上海搬到苏州。平时他一个人住江苏银行楼上的一间小卧室里,房间在五层,没有外人能进去。"救国会"的秘密文件就藏匿在小卧室里,非常安全。另外,活动小组在紧急情况下,也利用中国银行的电台与外界联络。

为更有力推动抗日救亡运动,一九三六年五月底六月初,"全国各界救国联合会"成立大会在上海秘密举行。大会通过"全救会"的章程和成立宣言,并通过《抗日救国初步政治纲领》;选宋庆龄、何香凝、马相伯、邹韬奋等四十多人为执行委员,沈钧儒、章乃器、李公朴、史良、沙千里、王造时、孙晓村等十四人为常务委员。

"全救会"的成立,使国民党惊慌。不只是它所发表的宣言、文件措辞犀利,更重要是它"团结抗日"的主张越来越深入人心。蒋政府不能容忍这样全国性的组织存在。一九三六年十一月二十二日深夜,上海公安局派八个特务小组,分别到"全救会"负责人沈钧儒、邹韬奋、章乃器、陶行知、李公朴、王造时、史良、沙千里的家里实施逮捕。除陶行知因出国开会未抓到外,其余七人同时被捕。这就是震惊中外的"救国会""七君子事件"。这一突发事件,从"救国会"角度看是明显"不战求降"的信号。

"七君子"被捕后,"救国会"一方面积极营救,同时利用这一事件进行宣传，借以推动抗日救国运动。时任"全救会"干事会总干事的胡子婴当即找上海《立报》主编萨空了，请该报发表七人被捕的消息。二十四日，新闻披露国民党的倒行逆施，轰动上海市。很快由上海震动全国，不久就传播到海外。许多爱国报刊先后发表消息和评论，多位爱国人士发表谈话要求立即释放"七君子"。宋庆龄更是以"全救会"执行委员身份质问国民党政府。国际知名人士如罗曼·罗兰、爱因斯坦、罗素等纷纷给蒋介石发电报，要求释放"七君子"。

十天后，沈钧儒等被移解苏州江苏高等法院。六位"男君子"关押在苏州卫前街（靠近养育巷）看守所。史良被押在司前街女子看守所。那段时间，周有光先生经常往返上海与苏州，为营救"七君子"做着秘密传递信息的工作。他的家成为上海与苏州的联络站。六位君子的夫人、孩子来苏州探监，往往先到南园乌鹊桥周家落脚，一切准备齐全再去监狱。张允和有时也陪着去，当她看到沈钧儒老先生被褥单薄，立即送去一套厚厚的被褥。关押六君子的男监是独立小院，院内是相对的两排房子，有一个较大天井。两人住一间，另外有一间公用活动室，环境很干净，从外表看不出是牢狱。看守所的职员和狱卒对"七君子"因爱国获罪，深表同情，因此，在生活上给予诸多照顾：允许外面送饭菜，允许读书、看报，允许下棋、打球，"牢饭"也不很坏。

张允和从小在苏州长大，亲戚朋友多。她从上海迁回苏州，曾应苏州《明报》主编和他夫人项坚白之邀，为《明报》办《苏州妇女》副刊。为声援"七君子"，她利用这层关系促成《明报》组织苏州一批知识界妇女去看守所探监，借新闻舆论扩大社会对此案的关注。

一次，张允和正陪同家属探监，忽然一位年轻看守来报告，监狱长

"七君子"。左起:沙千里、李公朴、章乃器、邹韬奋、沈钧儒、王造时。史良(下图右)羁押于司前街女看守所

要来查监。张允和说："快走，到我家去！"家里厨子小吴很能干，见突然来了许多客人，很快做出两桌饭菜，孩子、大人吃得很香。碰上周先生也在家，他就给孩子讲些开心的故事，缓和孩子的情绪。"七君子"被捕前，"救国会"的活动是公开的，"七君子"被捕后，其他会员也相继被秘密抓捕，"救国会"变成非法团体，他们只能暗中秘密联络。乌鹊桥地处城边，冷僻，平时人迹稀少，一旦出入的人多了，自然会引起邻居的猜疑。为防万一，周夫人迎送这些客人总是让家人前后门望着，唯恐发生意外。

"七君子"被捕半个多月后，张学良、杨虎城二将军为逼迫蒋介石"停止内战，团结抗日"，于十二月十二日联合发动"西安事变"。事变发生后，以何应钦为首的亲日派主张轰炸西安，名为声讨张、杨，实则借此杀掉蒋介石取而代之。蒋介石的嫡系CC派头子陈果夫、陈立夫手中无兵权，救不了蒋介石。因张、杨二将军在事变提出的八条主张中，有一条要求释放"七君子"。因此，二陈迁怒"七君子"，提出立即枪毙沈钧儒等人，以警告张、杨。所幸冯玉祥将军及时劝阻说：杀了沈等救不了蒋介石，反而堵死与张、杨谈判余地。冯玉祥的意见虽然暂时被接受，但并未消除二陈心头之恨。形势瞬息万变，"七君子"命悬一旦。

是夜十一点多，章乃器夫人胡子婴来敲周家大门。张允和已睡下，惊醒，披衣下楼。听出是胡子婴，忙开门让进房。胡子婴说，为和"七君子"通报突发情况，连夜赶来苏州，准备明晨去探监，商量如何营救。她不敢住旅店，只好半夜来此借住。张允和劝她不要着急，先睡一晚再作打算。周夫人安顿胡子婴在楼上一间卧室睡下，自己睡楼下。第二天一早五点多，她上楼轻轻推开胡子婴没有闩的房门，烟雾扑面，几乎看不清屋内。原来胡子婴彻夜未眠，只是抽烟。她们胡乱吃了早餐，好不容易叫来一辆人力车。送走胡子婴，张允和的心仍吊在半空中。

"西安事变"两天后，苏州看守所接到命令：禁止沈钧儒等人会客，包括家属。如此一来，监狱内外如何沟通成为大问题。后来，"七君子"想出一个办法。按惯例，孩子进出不受检查。他们遂向看守所提出思子心切，要求幼年子女来监狱探望。"父子情深，人之常情"，看守所允诺。当时"七君子"的孩子有大有小，情况也各不相同。只有章乃器、邹韬奋、李公朴三家孩子的年龄在十岁左右，不大不小，正适合担负内外传递信息的任务。

于是，章乃器夫人胡子婴、邹韬奋夫人沈粹缜、李公朴夫人张曼筠轮流从上海把孩子送到苏州监狱门口，傍晚再把孩子接出来。随之，几位夫人也成为周家常客。孩子们很机灵，进去见到父亲，撩起衣服把绑在身上的信件解下来，然后佯装在院子里玩耍，放哨。见到有看守人员来，就高声打招呼"××叔叔好！"给室内父辈报信。这样的传信持续了几个月，直到一九三七年四月国民党被迫取消禁令。这期间，孩子们从未出过差错。

周先生说南园乌鹊桥一带人少，车也少，一下子要叫来几辆人力车，不是一件容易事。张允和成天忙于招待、安排探监的事，偶尔碰上狱内有紧急情况，就由一位年轻看守（据说是邹韬奋在狱中收的义子）传信给张允和。一个雨天，年轻人坐着人力车又来了，张允和跑出收下信件，来人车也不下，立刻返回。之后，张允和匆忙设法与上海方面联系。

"西安事变"蒋介石被软禁，国民党内部斗争激烈。时局变化有两种可能：第一，和平解决，共同抗日。第二，爆发内战，推迟抗日。在紧要关头，共产党适时制定"和平解决西安事变，扩大抗日民族统一战线"策略。周恩来亲莅西安与蒋介石以及各个方面谈判，促成事件妥善解决。十二月二十五日，在蒋介石同意抗日之后，张学良陪他回南京，"西安事变"获得和平解决。

但是，"七君子"仍然被关押。国民党当局为使"七君子"屈服，派叶楚伧、杜月笙等出面斡旋，提出只要写"悔过书"就可以出狱。没料到，竟遭"七君子"严正拒绝。次年六月，宋庆龄、何香凝、胡愈之等十余人发起"救国入狱"运动。宋庆龄等人提出爱国如有罪，愿与"七君子"同罪。他们赴苏州高等法院自请入狱，以援救"七君子"出狱。不久，卢沟桥事变爆发，在共产党和全国人民呼吁、要求下，"七君子"终于在七月三十一日走出看守所，重获自由。

抗战胜利，周先生被新华银行派驻国外。一九四八年秋冬之际，周有光夫妇由欧洲回到上海。未几，周先生为处理新原物产公司的业务，赴香港。新原公司是新华银行在香港下设机构，周有光兼任公司总经理。他走后不久，上海国民党经济管理机构（俗称"经济大队"）派人到新华银行找周有光。新华银行告之去香港。来人要新华银行担保，一俟周有光回上海，即去该机构。虽然没有说"逮捕"，但情况一定很严重。之后，新华银行行长王志莘（"救国会"会员，在黄炎培领导的活动小组）和蔡承新探知周有光已经上了国民党黑名单，说他和共产党有牵连。事情经过是周有光朋友千家驹，通过他在新华银行汇过几笔钱，后被蒋经国主持的"经济大队"查出，这些钱与共产党有关。

日本投降，国内战争爆发。国民党为消灭共产党，首先封锁它的经济来源。国民政府经济管理条例有一项，不许共产党汇款。谁帮助汇款，

出狱后的"七君子"和马相伯、
杜仲远在南京马相伯寓所合影

谁犯法。获此情况，王志莘和蔡承新旋即通过银行内部电台给周有光秘密发一封电报，叮嘱他在香港暂避，千万不要回来。周先生说"当时从千家驹的行动和言论上知道他思想左倾、进步，是不是共产党不知道。我一向不喜欢了解人家的身份背景，我的朋友中有许多地下党"。

事情拖到一九四九年春，上海解放前夕，局势愈趋紧张。苏州一名十六岁中学生，因为听共产党电台广播被捕。周先生儿子周晓平十四五岁，也经常听广播。王志莘等人担心国民党抓不到周有光而加害他的妻小，他们迅即买票安排张允和母子经广州去香港。时隔多年周先生忆及此事，仍然感念王志莘、蔡承新等"救国会"的老朋友。

五月二十七日，上海解放。周先生一家于六月三日返回上海。

五、战乱年代

□ 农本局岁月

抗日战争爆发之前，周有光先生是江苏银行副经理兼芜湖分行经理。周先生说，江苏银行是江苏省政府建立的金融单位，总行在上海。南京、浙江省的北部和安徽省设有分行。它和中国银行一样是中国最早创立的银行之一。这个银行的规模不大，但有别于一般银行。第一，它的机构属于政府官办，经营方式却按民营银行的办法；第二，名义上是省办银行，可业务范围远远超过江苏省；第三，虽然是小银行，但中央政府特许它有发放钞票的权力。

抗日战争爆发后，各行各业纷纷后撤。中国银行、交通银行等国有银行的总行撤至后方，上海只留分行。江苏银行总行决定不动，仍然在上海。一九三七年八月十三日，日本飞机轰炸上海"大世界"等闹市区。二十八日又轰炸上海火车南站，炸死候车妇孺二百余人，整个车站沦为一片废墟。日寇迫近，形势恶化，周先生决定脱离江苏银行去四川。当初他想凭借自己在银行、教育界的许多朋友，到后方一定会有办法。可是打仗的时候情况瞬息万变，个人命运如同随风飘浮的一片枯叶，无法自我掌控。

周有光一家由上海、苏州一路撤至芜湖、合肥，又到汉口。在汉口周先生碰到上海"救国会"时的一位朋友，他原在中国银行总行工作，现在是长沙中国银行经理。他介绍说长沙《力报》缺主编。这是一份进步报纸，办报经费由中国银行等单位支持。周先生安排家小去重庆，只身一人去长沙。在报馆，他白天去各地采访、组稿，晚间写社论。一个月后他离开长沙辗转于汉口、重庆、成都间，先后在成都光华大学教书，在重庆"迁川工厂"的"工业经济研究所"任副所长。

是年底，随着战争的扩大，国民政府也迁都重庆。为解决大后方百姓的吃饭、穿衣问题，政府加强金融机构——农本局的领导，使其发挥更大作用。

农本局的行政方面受经济部领导，政策、方针则由农本局理事会决定。国民政府经济部次长何廉受蒋介石委派，出任农本局局长。局长下面有两位协理（即副局长），一位协理负责与金融界的沟通和协调等有关事务；另一位协理蔡承新负责农本局的日常业务。蔡承新曾任中国银行上海分行副经理，在上海，他和周有光先生过从甚密。他们同是"救国会"成员，并在一个小组活动。周有光经蔡承新介绍参加农本局，并在此工作长达三年之久。

农本局的资本来源：一半政府分期拨给，另一半为合营资金，由各商业银行按当时储蓄存款额的比例摊派。农本局的宗旨是促进农业信用的流通，促进农产品运销。周先生解释说，农本局就是特种农业银行。

在农村，长期以来由于沉重的地租以及名目繁多的苛捐杂税，使得农民几乎达不到温饱，更谈不上积存。他们的生存方式往往是小门小户的个体经济，没有市场合作组织。农民在耕种季节需要租借牲畜等生产工具；在收获旺季，因为没有适当的仓储设施和条件，不得不以低廉的价格将农产品尽快出售给中间商；在青黄不接的淡季，在遭遇天灾人祸的时候，农民又要以高额利息赊购充饥的谷物。因为以上种种原因，很多家庭都不同程度地背负债务。

周先生说，上世纪三十年代，农民主要从高利贷者、地主和商人等私人手中借贷。尽管已经有了银号（即钱庄）和当铺这样中国传统的信贷机构，但是钱庄通常设在城市、商埠，农民根本无法利用。当铺的情况比钱庄好些，虽然也设在城市，但是在农村有代理店或代理人。当铺的借款利息，按照法律限制月息是三厘，但实际生效利率往往比三厘高得多，期限也比较短。典当者在期限内如果无力赎回自己的物品，当铺便将其卖掉并从中牟利。虽然如此，当铺规定的条件还是比从私人手中借款要好些。然而，大多数农民家徒四壁，两手空空，他们几乎没有可典当的财物。农民需要新的信贷来源，农民需要新的基层借贷机构。在何廉领导下农本局适时地在后方广大农村，建立起分配信用的基层组织机构。

农本局首先组织起农村合作社；组织以县为单位的农业合作银行（即合作金库）；建设农村合作仓库（即农业仓库）。农本局局址也几经迁移。一九三八年二月，农本局由长沙迁到重庆的临时局址——渔村。之后，从渔村搬到七星岗。一个月后，因大火又分别在水泥公司和川康银行两处办公，直至搬到牛角沱石庙子新建竹木结构的办公楼才安定下来。农本局到达重庆旋即招录大学毕业生，成立培训班。培训期长短不一，要看学员以前的基础情况而定，一般三个月左右。何廉自任班主任，开始只由农本局各部门领导讲授有关会计、农业信用等业务。后来，中央农业试验所也在农本局设立办事处，遂聘请试验所专家给学员讲解专门的农业知识，如农产品分等和种子质量鉴定等等。

各地筹建农业仓库几乎都是因陋就简，尽量利用已有的公共财产（如乡村的祠堂、关帝庙或观音庙；集镇的会馆或庙宇）。但是，在大城市的仓库就不得不新建。因为它必须邻近水路，便于运输。有了农业仓库，农民把收获的物产储存在那里，就不用担心霉烂、损坏。同时，农民如果需要现金，可以用储物作为抵押从仓库借款。农本局拨给每个仓库一定数额资金，由仓库主任支配。农民从合作金库借款，利率很低，而且也不用物品担保。但是有一个条件：必须是本县合作社社员。因为合作社连带有集体责任，合作金库借出的钱款不必担心不能归还。

随着各地工作顺利拓展，农本局相继在四川重庆、湖南长沙、陕西西安、贵州、广西桂林、湖北西部设立专员办事处。何廉曾在文章里写道："在四川省会成立一个大办事处，管四川的合作金库和农业仓库等单位，并派周耀平（周有光当时的名字——笔者注）任主任，周是一个很能干的人，大学毕业，在上海的银行里做过副经理，富有经验。"周先生说："何先生的记忆不错，四川省办事处的名称叫'驻重庆专员办事处'。主任徐仲迪，我是副主任。徐先生曾留学美国，是农业经济学专家、金陵大学教授。他是我远房舅舅，年龄较大，重庆专员办事处日常工作实际由我主持，难怪何廉先生记忆中我是主任。"

1938年,全家避难重庆

从一九三八年到一九三九年一年的时间里，重庆专员办事处先后在三十多个县，成立了合作金库和农业仓库。周先生到省内一个又一个的合作金库和农业仓库巡回指导、审查；尝试办家畜保险业务；为了改良柑橘品种，和金陵大学农学院园艺系的教授到江津、綦江等处调查。他跑遍四川各地，对那里的人文、地理了如指掌。他说刚到四川住在旅店里，他拿两块钱请茶房代买柑橘。一会儿，茶房背回一大背篓上好柑橘。他惊讶，怎么买这么多？茶房说，两块钱就是这么多。事后他才知道，橘农没有储存条件又无法外销，柑橘大量上市时根本卖不上价钱。农业仓库建成后，农本局仿照北方夏天窖冰的方法，向橘农推广如何把柑橘储存在仓库里。柑橘储藏问题解决了，橘农的收入也提高了。

周先生说，老百姓除了吃饭还要穿衣，负责采购棉花和棉纱的是福生庄。福生庄是西南运输公司的名字，抗战时借用原来名字，这样方便。福生庄和两库（合作金库、农业仓库）有密切的业务联系。当时，棉花产区主要在山东、江苏、湖北、陕西和河南。但是山东、江苏沦陷后，已无法收购，湖北收购的也不多。在既无水路又无铁路运输的情况下，把从陕西和豫南收购的棉花最后运到四川、贵州和云南各省，运输比收购更困难。那时，唯一可能的运输工具是用牲口拉的大车。

战前四川没有纺织厂。一九三七年之后，在工矿调整委员会推动下重庆建立起几家棉纺织厂。棉纺织厂的棉花，也完全仰赖福生庄供给。为了弥补纺织厂之不足，农本局在农村发展家庭手工纺织业。由福生庄将原棉运到县里，存储在合作金库或农业仓库。合作社从合作金库或农业仓库取得棉花分配给农民。由于合作社负有组织责任，发放出去的棉花就没有风险了。后来，由于需要量增加，农业合作社自己也存储棉花。

农民所交的棉纱，或按所交棉纱的价值付给等值的原棉，或付给现金。一般农民愿意付给原棉。合作社收进的棉纱运到重庆，售给纺织厂织布。

周先生说，撤到四川的头三年，敌机频繁对战时首都重庆轰炸，能活下来的人是死里逃生。在农本局工作时他多数住在办公处宿舍，偶尔回家。有一段时间，家住南温泉。从南温泉回重庆办事处要坐船过江，一次过江乘滑竿下江坡，日本飞机扔下的炸弹把他从滑竿上冲出去，掉在沟里。他说掉下来就不敢动，等飞机走了再起来。心里想一定受伤了，摸摸身上没有痛的地方，真幸运！可是转头一看，身边另一乘滑竿的人死了。在那段日子里，人们时刻准备躲空袭。最惨烈的要数一九三九年五月三日和五月四日，日寇连续两天对重庆市区实施震惊中外的狂轰滥炸。山城变成火和血的海洋，两天就被屠杀五千多人。房子大部烧光了，站在市中心可以看到长江和嘉陵江边，重庆像个小岛，二十万老百姓无家可归。

周先生说五月四日傍晚，他们听到空袭警报赶快把日常公文收拾就绪搬入地下室（重要文件平时都藏匿地下室）。喘息未定，就见西首离办事处不足二三十米的地方突落数弹，门窗全毁。东边的兴隆街首先起火，接着西边被炸的地方也烟火大作。形势危急，他们当机立断只留两三人看守办事处，其他人携带账册连夜绕道送总局寄存。午夜，办事处所在地七星岗口及南面安乐洞街亦纷纷大火。当时水管断裂，消防队无法灭火，就将火区四周房屋拆毁形成隔离带，火势才渐渐平息。重庆办事处的办公地址无法办公，他们临时搬到总局。不久，周先生带着他的办事处迁往长江上游宜宾（当时叫叙府），仍沿用"驻重庆专员办事处"原名。

周先生回忆，尽管生活艰苦，旅途劳顿，但也充满乐趣。他说，"人越是在困难的时候越不能消沉。"搬到宜宾往返于重庆，常常坐一种形似"蜻蜓"的水上小飞机，那是他平生坐过的交通工具中最有趣的。当时长江、嘉陵江沿途都有水上小飞机，主要是邮政部门投递信件用的。飞机上有一名驾驶员、一名助手。后部放东西的边上，还可以坐一两个人，他们常常把这座位售出赚点"外快"。飞机翅膀是绸子做的，有两只船形的木头脚可以停在水上。飞机停稳后，小船划到飞机旁边，接送信件或人员。飞机很小，飞得很低，水中的鱼呀、草呀，看得清清楚楚，妙极了！张允和患痢疾，大家都认为没救了。但朋友帮忙在重庆请到一位名医，一星期两次坐水上飞机来宜宾诊治。奇迹发生了，张允和痊愈了。

迁到宜宾后，周先生要经常回重庆。有一次，原江苏银行总经理许伯明找到周有光，告诉他自己将重新担任江苏银行总经理。并说，江苏省政府得到当时财政部的同意，在重庆筹建江苏银行的办事处。这个办事处不设门面，不做门面生意，可以做一点从上海到重庆的汇款之类的业务。这个办事处主要为"战后"开展新的工作做准备。许伯明希望周有光来做这个主任，农本局的工作可以继续，但希望他人要在重庆。经农本局同意，他调回总局。江苏银行重庆办事处实际像一个家庭，一套公寓有几间房子，其中两间周有光使用，一间卧室，一间会客。

周先生从宜宾调回农本局的日常工作就是一般的计划报表、管理、审核等，而新筹建的江苏银行办事处的工作内容也不多，这两项工作越做越简单。随着战争的持续，物价上涨惊人，"一百万钱买一升米"。为了维持日常生活，各地金库的经理和其他同人不得不做点小生意。自己做小生意本来是不允许的，可是在这时候真正不允许就困难了。拿工资的工人不够生活，一个个都兼做起小买卖。知识分子拿薪金，叫薪金生活者。薪金生活者虽然收入比工资阶层高好多倍，但愈演愈烈的通货膨胀压得人喘不过气，每天柴米油盐的开销，影响到每一个人。做不做生意，对一些知识分子来说就很为难。不做生意，生活的确艰难；做生意，有面子问题，有其他问题，生意也不是那么容易做。

通货膨胀以后，农本局遇到的困难莫过于金融部分。因为通货膨胀，农本局的资金虽然有增加，但实际的价值大大地减少了，借给农民的钱不像以前那样充足。周先生说："合作金库的意义就越来越小，这是一件头痛的事情。当时社会上有评论说政府每一个方面都是向老百姓要钱的，而钱哪里来呢？追本寻源主要从农民身上来的。后方的农民保证了抗战时期的粮食、棉花，解决了吃饭穿衣问题。直到抗战结束，基本没有出大问题，这是一件了不起的事情。只有农本局把钱借给农民，帮助农民发展生产，所以农本局对抗战是有巨大贡献的。"

□ "聚餐会"、"座谈会"及其他

周有光先生说到重庆后，一俟生活、工作基本就绪，一些社交活动也在不知不觉中复苏。他也恢复早在抗战之前就参加的"星五聚餐会"。在上海，这个聚餐会是银行界、企业界较为固定的社交活动。所谓"星五"就是每礼拜五晚上大家聚在一起吃顿饭，边吃边聊，互相交流情况、发表看法，商讨共同做点事情。那时，周有光和章乃器、蔡承新同在"救国会"一个小组活动，同时，也都参加"星五聚餐会"。章乃器是聚餐会的活跃分子。周先生说,"星五聚餐会"没有正式的组织,你愿意来就来,不愿意来就不来。每礼拜去吃顿饭,大家出一点钱,自己吃自己的。没有经济和人情上的挂碍,既安然,又坦然。参加聚餐的人,即便本身不是资本家也是代理资本家。

随着大批人员撤退到后方,许多工厂也陆续搬到四川。这些搬迁来的工厂,统称"迁川工厂"。抗战八年,就是靠这些"迁川工厂"生产的大量产品,满足后方老百姓的基本需求。将工厂搬迁到后方,是国民政府经济部负责。但是,"星五聚餐会"在前方工厂迁移后方的实际运作中,起到重要的推动作用。许多工厂经它牵线、搭桥成功搬到四川。

周先生在"星五聚餐会"经常能接触到所谓的进步资产阶级,新中国成立后叫民主人士,比如中国味精生产大亨吴蕴初。吴蕴初留学日本,学习有机化学。留学期间他不仅在学校学习书本知识,更深入到生产实践中。当时,日本刚刚研发出"味之素"的生产技术。他根据在日本看到的、学到的,回上海自己开办一个生产"味之素"的小工厂,中国人叫"味精"。这个小味精厂的生产技术不断提高,生意越做越大,吴蕴初成为上海滩举足轻重的资本家。周先生说在与吴蕴初的接触中,感觉吴蕴初不仅是一位成功的资本家、企业家,还是政治家。他有很好的政治思想,当然他的想法不是社会主义那一套,他有他的一套想法。

参加"星五聚餐会"的另一位实业家、爱国人士杜仲远也给周有光先生留下了深刻印象。这个人很能干,早年留学日本,回国在沈阳创办肇新窑业公司。"九一八"事变后,在北平参加东北民众抗日救国会,被选为执行委员兼宣传部副部长。到上海,他结识邹韬奋等人,是《生活周刊》的撰稿人。一九三三年底,《生活周刊》遭到国民党政府查禁。

杜仲远决定使《生活周刊》得到"重生",旋即创刊《新生周刊》。周刊十六开本,每期均以时事图片做封面,销量很快达到十余万册。

有一次聚餐的时候,杜仲远来了。说他受新疆"督办"盛世才的邀请,即日赴新疆工作。当时新疆是个特别区域,盛世才表面拥护国民政府,实际国民党的力量根本伸不进去。盛世才提出"反帝、亲苏、民平(民族平等)、和平、清廉、建设"六大政策,把新疆说得如何进步、如何好。他要请有才能的、进步的人士帮助他工作。

杜仲远去了,可是没多久就受了冤枉,死在监牢里。这件事情在重庆知识界引起很大震动。周先生说,杜仲远去新疆无非想把新疆搞得好一点,使它成为国民政府抗击日本的一股力量。这是杜仲远太理想主义、太书生气、太相信政客们的话了。盛世才口口声声希望进步人士去帮他忙,那是假的,实际他是个非常坏的军阀。他在新疆境内实施斯大林式的清洗,除掉一切认为可能背叛他的人。后来盛世才投靠苏联不成,又投降蒋介石。大家都知道盛世才和蒋介石的矛盾非同一般,照理蒋介石应当枪毙他。可是,不但没有枪毙,蒋还任命他为国民政府农村部长。据说盛世才用飞机运来大量黄金献给蒋委员长。从此,"盛世才"三个字大家就不知道了。

"西安事变"以后,国共合作开始。毛泽东到重庆见蒋介石,合作达到高潮。周有光先生说,蒋介石的确下了抗战的决心。那些天,不论看报纸还是收听无线电广播,注意力都在这件事情上。报道虽然不长,但是据新闻界的朋友讲"报道完全符合事实"。毛泽东、蒋介石举杯庆祝的时候,毛泽东高声大呼"蒋委员长万岁!"

周先生说不多几天,毛泽东返回延安。当时有人说毛泽东是来参加鸿门宴的，大家听了只当笑话。后来国共内战，共产党胜利，从今天角度看，当年那个"蒋毛会"，还的确有几分鸿门宴的味道。

当时周恩来在重庆设有联络处，周有光与周恩来的秘书许涤新很早就是非常熟的朋友。周恩来经常举办各界人士座谈会，联系在国民党机关中工作的地下党员和党外进步人士，通过他们和一些上层人物接触，搞统一战线。当中有一种座谈会就是请社会上的知识分子座谈，这样的座谈会每个月有一两次。周恩来非常重视知识分子，尤其对"救国会"成员更看重。"救国会"或与"救国会"有关系的一些人，从大方向上一致拥护蒋介石领导抗战，但是，在具体问题上对国民党还是有各种批评，这些人敢于痛贬时弊。

召开座谈会都是许涤新安排。周先生以及"救国会"、"星五聚餐会"的其他成员常常被邀请。周先生说座谈会上不谈共同抗战，因为共同抗战已经是事实了。谈的都是中日战争的形势、前途以及欧洲战场的形势。当时国际形势越来越紧张，可是究竟会怎么样呢？英国有没有力量跟希特勒对抗到底？美国会不会参战？他说周恩来的外交手腕、外交辞令的确好。他讲的每一句话都很中肯，一语中的，又不得罪国民党。

在重庆，周先生与沙千里关系密切。沙千里是"救国会"的"七君子"之一。"七君子"被关在苏州监狱时，周有光、张允和夫妇从始至终参加营救工作。周先生说沙千里是"七君子"当中最不活跃的，无论在上海还是在重庆，没有人知道他地下党的真实身份。

沙千里也参加聚餐会和周恩来举行的座谈会。沙千里表面不活跃，暗中却做了许多工作。沙千里有时拿些共产党的书刊给周有光看。当时共产党的书籍在国民党来讲，表面上不禁止，可是像《联共党史》这样的书，暗中还是禁止的。把《联共党史》比喻是共产党的《圣经》并不为过。由于沙千里的关系，周先生很早就阅读了《联共党史》，接触了社会主义思想。

周先生说在重庆凡是有条件看报纸的人，每天都如饥似渴地想看到报纸。新闻在国民党统治的后方虽然有控制，但新闻自由的幅度还是比较大的。国民党有国民党的党报《中央日报》，共产党也可以在重庆出版自己的党报《新华日报》。最受欢迎，也是最权威的是所谓民间的报纸《大公报》。《大公报》实际是站在国民党的立场，但内容比较全面，水平高，不登载那些过分不合理的文章或消息，观点比较客观，所以看的人最多。

他们看报不仅关注国内的情况，也注意欧洲战场的情况。大家都意识到欧洲的战争跟中国的战争表面上似乎没有直接的关系，实际是息息相关的。那时，人们最关注的是美国态度。由于美国在第一次世界大战中牺牲很多，而得到的好处并不多，所以美国国会有决议：欧洲打仗，美国不参加。但是，美国总统罗斯福显然站在英国一面。

开始，英国处在很不利的状态之下，就想与德国媾和。英国首相张伯伦跑去看希特勒，双方达成协议，同意德国占领捷克斯洛伐克。张伯伦回去很高兴，认为战争可以避免。可是，很快德国人就向英国的盟国波兰要求一个走廊地带。波兰拒绝，德国以"闪电战"对波兰发起进攻。用大量飞机、大量伞降兵，一下子就打到波兰的中心。起初英国希望波兰能够抵抗两个月，后来希望两个礼拜，想不到几天就完了。这样，英国就不能不向德国宣战。随后，法国和其他西欧国家都跟着对德国宣战。美国虽然不参战，但与英国做军火生意。

德国人常常在大西洋用潜艇袭击英国商船,英国商船需要兵舰护航。这时,美国实行一种新办法,叫"现款自运"。就是美国把大量旧兵舰卖给英国,价钱很便宜,但是要交现款。而且,所购买的军用物资和兵舰,钱款付清后要自己运回去。为了安全,英国人就用买来的兵舰保护商船。大量的美国军火源源不断从大西洋运往英国各战场,这就是所谓的"护航制度"。英国是大帝国,它在拉丁美洲,甚至在美国有许多企业,为了付款给美国的军火商,只能把企业的股票卖掉。后来,英国几乎把在拉丁美洲的全部财产都卖光了。

英国对德国宣战后,首相张伯伦下台,丘吉尔上台。丘吉尔与张伯伦完全不同,他坚决抵抗德国的侵略。伦敦是个多雨的城市,张伯伦喜欢打一把雨伞,所以张伯伦的雨伞变成张伯伦的记号。这把雨伞也变成张伯伦主义的象征,这个象征就是投降主义。

□ 仰光省母

周有光先生四姐周闰很早去南洋教书,先在新加坡,后到缅甸首都仰光。她在仰光华侨女子中学做校长长达二十年。抗日战争之前周家住上海,去仰光,坐轮船往南再往西。路途遥远,如同西天取经,四姐难得回来一趟。可是抗战后周家搬到四川,情况就不同了,仰光跟后方是接近的。过去到仰光只能坐船走水路,而此时有飞机。一封航空信,头天从重庆寄出,第二天就到仰光,而重庆寄往成都的信却要好几天。姐姐来信让母亲去仰光,这样可以不受轰炸的威胁,不用一次又一次的搬家、逃难。母亲坐飞机去了仰光。

随着日军沿着长江一步步逼近重庆，抗日战争也到了紧急关头。此时，除苏联以外，滇越、滇缅公路成为国民政府通向外界仅有的陆运要道。缅甸首都仰光成为中国后方的"后门"。这个后门变得越来越重要。

一九四〇年深秋，四姐建议周有光去仰光一趟，一方面探望母亲，一方面看看那里的情况。如果仰光好，就在仰光找份工作，把家都搬到仰光。周先生说，当时谁也没有想到日本人会搞一个大规模反对美国人的太平洋战争。由于姐姐和母亲催促，同时的确感觉在重庆的意义越来越小，周先生向农本局请假，到仰光探母。

一到仰光，好像到了另一个世界。这里看不到因战火硝烟所造成的凋敝，反而却因为战争的缘故生意更好做了，许多人发了财。姐姐相熟的许多华侨都做生意，有一种生意最方便——购买汽车的预约券。美国生产的汽车零部件运到仰光，仰光有汽车装配厂。汽车在仰光组装好，载着物资运往昆明，再从昆明运到后方，运到重庆。

买汽车预约券不需要全部的钱，只要先付十分之一，最多十分之二，到了约定期再去取货。由于汽车不断涨价，所以买到手的预约券还没到时间，已经涨了一倍甚至两倍的价，你可以找准时机把预约券卖给人家。实际你不是买卖汽车，就一张预约券，你买了再卖出去。买卖这个预约券相当于买卖期货，带一点投机的性质。可是，战争时期物价不断上涨，保证赚钱。

姐姐一位做生意的华侨朋友劝周有光，他说你钱不够，买不了整张券，可以搭一个份子，就可以赚一点钱，至少可以补贴一点生活费。周先生就在他买的一张券里面搭一份，那位朋友不止买一张券。周先生说不到一个月就赚了一倍，而且还是以美元计算。可见当时中国后方是多么急需汽车。当然，不是小汽车，是运货的汽车。

周先生有一个习惯，来到一个陌生的地方，喜欢观察当地的社会民情。他说上世纪三四十年代的仰光很繁荣，很有意思。市区东西向的街道很长，南北向的街道比较短，这个城市是扁的。南北向的一条中心街道很宽，街的名字叫"中国街"，是中国华侨出钱建造的大马路。街道两边的商店多数是中国人开的，主要是批发商铺和国际贸易公司。而东西向的街道里面，其中有一条比较长的街。据当地华侨说过去这条街上的店铺，除了英国人开的"洋行"做国际贸易之外，其余都是中国人开的绸缎店和棉布店。店面一般不大，出售的货物也都是从中国进口的。后来印度商人多起来，与华商各占一半。

周先生说中国人吃苦耐劳是世界公认的，可是印度人比中国人更能吃苦。中国人开店要有柜台，睡觉要有床；印度人开店不但没有柜台，也没有床，只有地板。白天在地板上做生意，晚间就睡在地板上。印度人开的店面，比中国人的还要小。在这里华商和印商充满竞争，而形势对中国人越来越不利，印度人越来越占上风。

缅甸盛产世界上最好的稻米。那里的晴天和雨季泾渭分明，大约半年晴天，半年下雨。开头雨量小，慢慢变大，然后又慢慢小，最后就不下了。许多地方种稻子不用经过育苗、插秧的程序，而是直接把稻种撒在田里。缅甸是英国殖民地，由印度托管。稻种和稻种改良，都由印度负责。农民生产的稻子，收割后由碾米厂收购、加工。碾米厂规模很大，机器设备都是英国特别设计的。这些现代化的碾米厂，十家有九家是华侨办的。碾好的米卖给英国洋行，洋行再远销世界。许多土特产，也是这种销售途径。本地人做最基本的工作，中国人把它初步集中、加工，英国经销商再出口销售。英国人赚最多的钱，中国人赚少一点的钱，本地人赚得最少。本地人虽然赚少量的钱，但是吃、穿不愁，基本生活没有问题。

缅甸人信奉佛教，是虔诚的佛教徒。周先生说那里有个风俗很特别：清晨主妇烧好饭，打开后门给等在门外的和尚饭罐盛满，彼此也不交谈，打发和尚走了，关上门一家人才开始吃早餐，这就是所谓的"沿门托钵"。小孩子长到七岁，一定去做三年和尚。做和尚不仅仅是受宗教的仪式，做了和尚就要在庙里学习念经，念经就是读书。他们用拼音字母，很容易。只要学会字母，学会拼音，用不了半年就能阅读。

缅甸文都是白话文，缅甸几乎不存在文盲问题。但要受高一点的教育、要进大学就困难了，因为大学完全用英文。懂了英文，大学毕业才能做高级的工作。可是缅甸人普遍没有这个欲望和追求，他们就是天生的乐天派。那里天气热，白天做工很苦。晚上天气凉快了，就拿一种乐器一面弹，一面唱，就这样地娱乐着。华侨就不同了，他们的生活是另一番景象。

周先生说一早去南洋的中国人，多数是没有文化的穷苦人。但是，中国人的社会文化基础高，也就是他的社会见识多。华侨比当地人会做生意，比如，大人小孩下工、下学到大街上娱乐，常常要吃点零食。华侨就利用当地很便宜的燕窝以及从老家运来的粉丝，加工成燕窝粉丝汤，挑了担子沿街叫卖，很赚钱。华侨的家庭观念一般比较强，男人拿到工钱都交给老婆，所以缅甸女人愿意嫁给中国男人。

仰光有一条公路修得很好，大概两百公里长，途经许多小城镇，最后抵达一个水库。这个水库是人工把许多小山连起来,类似堰塞湖。充沛的雨水储存在水库里,水质非常洁净。用管子将水输送到沿路的小城、小镇,一直输送到仰光。英国殖民者在水、电方面搞得很好。水库风景优美,是一个很好的旅游景点。

在南洋,凡是有华侨居住的地方,都有华侨俱乐部,这里也一样。俱乐部的名义各有不同,很多地方就是一个很小很小的华侨小学校。这个小学校既是孩子读书的地方,又是一个公共聚会的地方。过路的华人可以在这里休息,甚至在这里住一晚。在俱乐部,华侨之间互相联系、互通信息,有了信息生意才能发达。早年,华侨在南洋创业如同犹太人在欧洲,是在夹缝中谋求生存。

华侨非常重视教育,很小的地方也有很小的小学校,哪怕只有一位教师也教孩子们学习中文。有的华侨孩子已经是第几代在缅甸了,可是他们还是学讲中国话。原来仰光华侨子弟学校讲三种方言:广东话、福建话、客家话。三种学校互相不往来,他们的商业团体也各自不相通。周先生说,"我姐姐是'五四'运动时去的南洋,受国内影响她到仰光大力提倡国语。姐姐推广国语的成绩斐然。为了推广国语,姐姐自己编剧本,自己排演。让学生用国语演话剧,当地华侨很喜欢看。"

周先生到仰光可以看到英文报刊,了解许多欧美消息。透过这些消息,他觉得仰光也不是能长久安定的地方。虽然,他还没有想到即将爆发太平洋战争。但是,已经料到日本人会全面封锁中国,断绝中国军用物资的进口,进而迫使国民政府投降。仰光是中国的后门,日本人一定会采取各种方法封锁仰光。封锁仰光,就是封锁中国。

鉴于此,周先生决定不在缅甸找工作。他说,如果想在缅甸找份工作还是有办法的。当时国民政府驻仰光的领事是他圣约翰大学同学,领事太太是姐姐的好朋友。本来想看看母亲就返回重庆,最后竟拖拖拉拉在仰光逗留将近一年。

□ 太平洋战争爆发、巧遇杜立德

周先生说:"中国有句俗话叫'被胜利冲昏头脑',日本恰恰如此。"日本不仅在中国大陆扩大占领区,还要占领整个西太平洋,包括东南亚以及美国在西太平洋的一些小岛屿。特别要占领美国的军事基地菲律宾,要建立所谓的大东亚共荣圈。正是德、日法西斯不断膨胀的野心,使局势发生巨大变化。

在欧洲,德国撕毁《苏德互不侵犯条约》,突然进攻苏联,爆发苏德战争;在亚洲,一九四一年十二月七日凌晨,日本海空军联合舰队偷袭美国太平洋舰队基地——珍珠港。日本的行为令美国政府和人民震怒。事件发生第二天,英、美两国对日本宣战;德国、意大利也对美国正式宣战。至此,太平洋战争爆发。

日本偷袭美国之前,欧洲战场不断传来的坏消息,的确让人悲观、失落。但是,大家对战争的决心没有动摇。这是当时中国的一种民族气概,是了不起的。爆发太平洋战争,对美国来讲是被迫的。有人猜测美国总统罗斯福不是真心不想打仗,他是等日本人先动手,然后他再打。那时,美国有《中立法》,中立主义情绪强烈。老百姓不愿意打仗,国会有决议,不参加战争。但是,日本人先打了,美国就不得不打。政府向日、德宣战，老百姓也没有话说。战争的民意非常重要，战争不仅是枪炮的较量，还有民意的较量。

珍珠港事件后，日本气焰嚣张，只花三个月时间就占领面积相当于美国得克萨斯州的缅甸。不但掠夺更多的稻米和石油，同时，切断"同盟国"的中国补给线（从仰光走铁路到腊戍，再经昆缅公路到昆明）。由于军需品供应不上，中日双方力量更加悬殊。前方的节节溃败使重庆十分恐慌，一度准备再迁都西康省的首府西昌。西昌是个很穷、很小的地方。

周先生说："美国与德、日正式宣战，人们就喘了一口气，紧锁的眉头也舒了舒。虽然，美国把主要力量放在欧洲战场。但是，沉闷、阴霾的东方从看不见边缘，倏然看见一束曙光、一线希望。这个希望就是美国。"

从一九四二年四月底，日本占领缅甸全境后的近三年时间里，为中国境内的美国以及中国部队运送补给的唯一途径，只剩下从印度飞越喜马拉雅山的空中航道。这就是飞行员们号称的"驼峰"运输线。它从东北方的印度阿萨姆基地到中国昆明，绵延八百公里，下面时而是丛林覆盖的伊洛瓦底江、萨尔温江和湄公河的峡谷，时而是高达三千米的纳加山脉以及"驼峰"主脊四千六百米的险崖。

"驼峰"航线是第二次世界大战中最艰险的空中通道，有一千多名飞行员丧生，近六十架飞机折损。在这条航线执行任务的是具有高素质的美国陆军空运队——印中特遣队。他们日常十六个小时一班，有时一天飞三个来回。他们在匆匆建成的简陋机场上起降，使用的是各种型号的飞机，主要是 C-46 型运输机，它易出故障，发动机容易失灵，化油器时或结冰。而且,往往要超载飞行。经"驼峰"运往中国的物资总共六十五万吨。

起初日本人估计,突袭珍珠港后把美国在太平洋的主要兵舰都炸掉了,美国要恢复太平洋舰队的力量,至少两年。这两年工夫,日本在太平洋就可以站稳了。然而,这只是日本人的一厢情愿。中途岛一战,形势大逆转。美国只半年就恢复在太平洋的军事力量。周先生一位旅美朋友上世纪五十年代曾写信说:"美国不是纸老虎,而是披着羊皮的真老虎。"此话不假。

日本偷袭美国后,美国兵工生产的工艺从简。为了省时、省钱,不制造高难度曲线型的兵舰,而是用平的钢板拼起来。据斯塔夫里阿诺斯的《全球通史》披露:从一九四三年到一九四四年,美国每天生产一艘轮船,每五分钟生产一架飞机。"二战"中总计生产八万七千辆坦克、二十九万六千架飞机、五千三百万吨船舰。可想而知,只有"全国都是兵工厂"的情况,才能实现以上的数字。

美国在太平洋的军事力量以惊人的速度恢复,尤其空军战斗力的提升是决定胜利的一个重要条件。那时,日本人最好的飞机引擎是德国制造,国产性能较差。日本生产的"零式飞机",很小。虽然轻便、灵活,但是储油量小。它要执行远距离轰炸任务,回程汽油就没有了。所以只能人机一并撞向敌军兵舰,成为"自杀飞弹"。一九四一年到一九四二年,美国海军飞机从三千六百三十八架增加到三万零七十架,潜艇从十一艘增加到七十七艘。空军力量很快占据优势。

一九三七年十一月上海沦陷后,有一件事出乎人们预料。起初人们认为日本人会取消上海的银行业,使这个最重要的港口城市和中国的金融中心瘫痪。结果呢，日本人很聪明，银行没有被取消，仅仅是加以必要的管制。周先生从缅甸探亲回来后，仍然负责江苏银行重庆办事处工作。因为打仗重庆办事处和上海总行不能直接联系，要通过浙江金华。那时，重庆到广西桂林、金华的公路运输线在国民党控制下。上海生产的物资，商人们也是经金华转运重庆。

一九四二年春，周先生要去金华联系业务。他的妹丈陈剑东请他设法买些盘尼西林等药品。陈剑东抗战之前在湖南长沙湘雅医院当医生，湘雅医院和北京协和医院一样，是美国教会在中国开办的医院。抗战爆发，医院被打光，妹妹一家逃难到重庆自己开诊所。

战争已经持续几年，每个人都得想办法做点小生意，光靠薪金无法维持生活。临走前，江苏银行总经理许伯明告诉周有光，去金华的车票比较好买，回来就难了。从金华回来，人人都带许多东西，一票难求。许伯明弟弟有个女婿是国民党军官，驻扎金华。许伯明弟弟给他女婿写封信让周有光带上，回程汽车票让他女婿帮忙。

周先生说，一天晚上他在金华的一个小旅馆里等待回重庆的长途汽车。突然，防空警报拉响，灯火全部熄灭。可是等了一个晚上，没有听到炸弹声。

隔一天，许伯明的侄女婿匆匆跑来告诉他："准备行李吧，明天可以动身。"周先生喜出望外。接着，这位年轻军官要周先生帮一个忙。他说，前天晚上来的不是敌机，而是美国飞机。美机轰炸日本后，返飞我东南沿海，现在到金华。今晚，当地驻军要宴请这些美国飞行员。因为一时找不到合适翻译，想请周先生当翻译。明天也随美国人坐吉普车去桂林，一路为他们充当临时翻译。

当天晚餐，周先生坐在贵宾旁边担任翻译。从宾主的交谈中知道眼前这位领头的美国人叫吉米·杜立德，一九三二年他曾创飞行速度世界纪录，享有"顶级特技飞行员"、"比赛飞行员"和"航空咨询工程师"的声誉。

第二天，周有光先生和杜立德同乘一辆吉普车去桂林，同行的还有几十位美国飞行员。周先生回忆说，他与美国客人相处很好。他的座位靠车窗，车子跑起来风很大，呛得他咳嗽不止。坐在身边的杜立德，立即脱下皮夹克给他披上。那年杜立德已经四十多岁，为了表示还能继续服役，他像孩子一样蹦了几蹦。一路上他们合影拍照，但是照片在"文革"中遗失。改革开放后，周先生意外收到旅居美国的同学寄来一张美国报纸，上面有他当年与美国人的合影照片。

车队大约走了三天，经过的都是小城镇，没有招待所，他们就借住当地天主教堂。美国人告诉周有光：四月十八日晚十时许，队长杜立德率领十六架 B-25 型轰炸机，从悄悄驶入太平洋的美国"黄蜂"号航空母舰上起飞，直扑日本东京、大阪、神户进行闪电式轰炸（即"东京上空 30 秒"行动）。没等日军反应过来，轰炸机已离去。原定轰炸任务结束后，飞机在浙江某机场降落。遗憾的是中国军方算错时差，将友机当敌机，机场实施灯火管制，机队无法着陆。在飞机油尽之际，杜立德命令机组人员弃机跳伞。所幸，人员大部安全，只个别负伤。

这次"东京上空 30 秒"行动是美国首次轰炸日本本土，是扭转战争局势的重要事件。许多史学家认为，这是导致日本决心进行中途岛战役的一个主要原因。在中途岛战役，日本折损四艘航空母舰，损失惨重。

抵达桂林，周先生转乘汽车回重庆，杜立德带领美国飞行员也坐飞机走了。杜立德离开亚洲，曾担任地中海联军空军总司令，后又调任美国驻欧洲空军司令，官至四星上将。

第二次世界大战结束后，一九四七年周先生到美国曾打电话给杜立德，他热情邀请周先生到他的办公室叙旧。他的办公室用软木装饰墙壁，气派豪华。杜立德已退役，是"壳牌汽油公司"董事长。

□ 新华银行、西北经济调查团

周有光先生说，大约一九四二年下半年，蔡承新问他愿不愿意去新华银行工作。周先生跟新华银行一早就熟悉。抗日战争之前，新华银行和江苏银行的规模差不多，两家银行的总行都在上海江西路，距离不远，经常往来。总经理王志莘温文尔雅，平易近人。他出身贫寒，很小在上海钱庄学徒，是靠自修和去国外进修一步步奋斗出来的。他虽非科班出身，但志存高远、聪明、勤奋，思想开明，接受新事物快。当年，黄炎培办中华职业教育社，王志莘和邹韬奋同是他的秘书。

一九二五年十月，王志莘奉黄炎培的旨意创办中华职业教育社社刊——《生活周刊》（一九二六年十月起由邹韬奋主编）。嗣后不久，北京一家新华银行搁浅，股东是北洋政府的一些军阀。因为这家银行已经有一定的社会影响，中国银行和交通银行投资买下大部股份。中国银行和交通银行是官方银行，所以新华银行是公私合营银行，控股权在中国银行和交通银行。这两家银行就与黄炎培商量，把王志莘调来做新华银行重建后的总经理。

王志莘莅任视事将总行迁至上海，并彻底改革旧有的经营计划和管理方法。当年有两家银行的管理理念比较先进，一个是陈光甫的上海银行，另一个就是王志莘主持的新华银行。周先生说江苏银行资格老，比较保守，他更喜欢新华银行的新式管理方法。而王志莘对周有光的能力早就了解，双方一拍即合。周先生转入新华银行。

周先生说珍珠港事件之后美国参战，增强了中国对战争的信心。可是，中国的军事力量毕竟薄弱，没有力量向日本反攻，更没有能力将其赶走。当时，从印度到中国的公路尚未开通，仅靠空运，运输量非常有限。大后方西南人口陡增，物资匮乏，物价飞涨。

后据中国金融资料记载，一百元法币的购买力：一九三七年可买两头大牛，一九三八年可买一头大牛一头小牛，一九三九年可买一头大牛，一九四〇年可买一头小牛，一九四一年可买一头猪，一九四二年可买一条猪腿，一九四三年可买一只鸡，一九四四年可买一小袋米，一九四五年可买一条鱼，一九四六年可买一个鸡蛋，一九四七年能买五分之一根油条。

人们寻求新的出路。这时，有几家四川银行先后成立贸易公司。他们已经开辟几条运输线，其中一条从成都经界首到上海，叫"敌人后方运输线"。这条走私线路很热闹。上海生产的货物运到成都，到了成都一部分可以到重庆和其他地方。

王志莘和周有光商量，成立新原物产公司作为新华银行的附属事业。眼下先做上海到成都的贸易，等打完仗再拓展业务做国际贸易。公司草创之初，周先生秘密潜赴上海，看看总行那里的情况究竟怎样。新华银行的上海总行负责人叫孙瑞璜，但是具体负责上海分行业务的是另一个人。到上海一看,情况和预想的不同。因为打仗外国货不能出口到上海,日本的东西运到中国的也不多。这样,中国民族工商业反而发展,银行业务也随工商业的发展而增大。周先生说,到了上海很小心,只跟新华银行接触,什么亲友也不敢去看,害怕被日本人知道,节外生枝。

新原物产公司规模不大,主要经销大后方急需的衣服、袜子等纺织品。界首作为中间站有一两个人常驻,公司总部设在成都。界首靠近陕西汉中南面,是个很小的地方,在地图上几乎找不到。周先生说成都虽然也有轰炸,但比起重庆好多了。整个城市在战争中基本完好,而且成都历史悠久,无论经济力量还是文化基础都远远高出重庆。和成都比,重庆仅仅是一个交通枢纽,同时做了国民党政府的所谓"陪都"。

抗日战争后期在日本侵略军的进攻下,大后方西南地区越来越小,人越来越多。许多人着眼于向西北发展,当时国民党政府已经在玉门开采石油。

一九四三年三、四月间,新华银行等四家银行组织"西北经济调查团",主要调查陕西、甘肃当地的经济情况。这个调查团名义是民间代表团,实际是应政府要求组织的,政府给调查团提供吉普车等交通工具。调查团由五位银行家组成,周有光是该团负责人。

调查团由重庆出发到西安、兰州、武威、张掖、酒泉。到酒泉个别人返回,剩下的人继续向嘉峪关、玉门、安西行进。

周先生回忆在兰州,饮食方面印象最深刻的是羊肉泡馍。店家给你一个很大很深的碗,盛上热热的羊肉汤,上面一层油,里面有一块块烧得很烂的羊肉。馍是一寸来厚,直径五寸至八寸那么大的一个硬饼。吃的时候用手掰成一小块一小块放在汤里,泡一会馍就热了、软了。调查团有人吃不惯这里的面食，见了就头痛。周先生此前也没有吃过西北的面食，不过他能入乡随俗，到哪里就吃哪里的东西，吃了羊肉泡馍觉得非常好吃。

除了羊肉泡馍，兰州迤西还有一个现象很特别，就是稍大一点的商铺对外防范非常厉害。平时大门紧闭，买东西要敲门。大门开了把你放进去，赶紧又把门关起来。有的店还有二门，二门也是随开随关。再走进去，有一个天井，天井上面有铁丝网罩着。最后才能见到柜台，店内货物还是比较丰富的。从这样一个防范细节，可以了解西北强盗非常猖獗。

从兰州到安西的通路叫"河西走廊"，河西走廊最窄处只有几米宽，南面是山，北面是草原。山这边是骑马打猎的哈萨克人，北面大草原是逐水草放牧的蒙古民族。河西走廊是中国古代的丝绸之路，是中原通往西域的经济大动脉。当年的繁华随着历史的变迁已然消逝，不过周先生在山丹这个地方还是见到历史的痕迹——长廊。山丹有条马路，两边是长廊。长廊外侧比现在的人行道稍微宽一些，供行人或马车用；当中的路，古代骑马，近代走汽车。长廊顶部涂着红红绿绿的油漆，很远就能看到，非常好看。廊的两侧是空的，廊内侧是木头架起的"条凳"，行人可以坐下歇歇脚、避避雨、躲躲烈日，偶尔也有人做点小生意。周先生猜想，古代丝绸之路上有很多这样的景况！

调查团对陕西、甘肃一带的县市经济以及相关（如社会人文）情况，进行了粗略的调查。他们先去拜访当地的府衙，结果令人遗憾，官员们对自己辖区的基本情况几乎茫然无知，连基本的经济统计都没有。调查团有人想到了教会，便去天主教堂了解情况。周先生说："噢，不得了！

他们给你讲得头头是道。"调查团在西北获取的最有用的资料，几乎都来自教会。

周先生说，我国西北主要是西罗马系统的天主教，神父大部是法国人和意大利人。这些传教士文化水平很高，都是大学毕业。到了中国他们要不断学习中国文化，不但学习国语，还要学习当地方言。他们要深入边区，深入农村，深入群众。他们对中国的情况一清二楚，会定时向罗马教廷报告。所以，说他们是特务也不冤枉。可是，从宗教的角度来看，他们传教是使信徒觉醒，跟了他们走向天国。传教士到一个地方，给有病的人治病，教没有文化的人识字读《圣经》，直至教给你生活技能。今天要发展西部，就需要有像教会那样的组织力量支持当地；有像传教士那样的人甘于贫苦、甘于牺牲来做工作。

安西是调查团的最后一站，这里更荒凉。当地流传一句"安西一阵风，大年初一刮到除夕"的话。虽然夸张，但也说出风在这里的厉害。安西的风总是朝一个方向吹，没有一棵树是直的，齐刷刷地歪向一边。安西县城很小，吹的沙就堆在城的一面。风不断吹，沙不断堆。堆到后来和城墙一样高，人可以从斜坡慢慢走上去，走进城里。

甘肃省银行在每个县设有分行或办事处，安西办事处的规模不是顶小。办事处主任是位南方人，见了调查团高兴得不得了，他说在此地很难见到一个南方人。他请周先生帮忙调离安西，这里太穷、太落后，没什么发展。可是，周先生想安西的风有害也有利，它是一种能源。他想起在长沙青年会看到的风车，假如把这里的风利用起来，那是多么好的动力呀！它可以发电，可以打水。他把自己开发经济的想法讲给这位主任听，可是主任毫无兴趣。他不是对这个建议不感兴趣，而是根本不想待在这个地方。

安西调查结束,其他人都返回重庆。周先生说安西再延长过去就是敦煌,机会难得,他要参观那里的千佛洞。

从安西到敦煌的路更困难,吉普车走不了。大概等了两三天,安西办事处帮忙联系到一辆卡车。运货的卡车上面有空位,可以搭乘客人。临行前,办事处主任和周有光商量有一位太太抱个小孩也想跟他们的车去敦煌。周先生听说是妇孺,理应照顾。见面后知道是常书鸿的夫人和他们的小孩。

开车之后,风更大了,漫天黄沙。男人们要随时下来铲沙,否则沙子把车轮埋上走不动。常夫人很摩登,曾留学法国,讲一口流利法语。一路上,她和孩子一直用沙巾蒙着头和脸。她和常书鸿是浙江同乡,她是搞雕塑的,是江南才女。但是,后来听说她的命运很凄惨。常书鸿是一九四三年二月才到敦煌筹建敦煌艺术研究所的。筹建中的研究所什么也没有,几间房子破破烂烂,条件很差。

从敦煌到千佛洞只能骑马。敦煌文化属于犍陀罗文化,犍陀罗文化是印度佛教文化和古代希腊雕塑文化的结合,它的中心在阿富汗中部的巴米扬。周先生去敦煌时,画家张大千和考古家向达也在。向达和沈从文是北京大学同事,是了不起的考古学家。因为沈从文的关系,周先生去看望向达并带给他一点吃的东西。向达说在此地假如有人送吃的,那是了不起的事情。那里,什么吃的也买不到。如何参观千佛洞是有学问的。俗话说"外行看热闹,内行看门道"。向达陪周有光参观千佛洞,并把他对千佛洞的了解和研究一一讲给周有光。周先生说:"有名家指点,参观效果大不同。"

这次对河西走廊调查虽然吃了许多苦，但周先生说收获也多。他不仅亲眼目睹了人类文明的辉煌历史，同时也深深体会到经济、文化也是沧桑变化的。眼前这里的经济作用很小，要发展很难。从敦煌回来他又绕道青海塔尔寺。

☐ 国破人亡散

周有光夫人张允和生前，一直想写抗战八年他们的三十六次搬家，但始终未动笔。那是不堪回首的往事。

今天，当我和周先生谈起昔日兵荒马乱、谈起那大大小小的迁徙，有的连他也说不清。他说"逃难的时候，一家人分隔几处是常事"。在重庆他们家两次被夷为平地，有些东西平时不敢放家里，藏在防空洞。结果防空洞中弹成废墟，等雨停再去找里面的东西，只挖出一双胶皮套鞋。有一天夜里，周先生从远郊县出差回来，办公处没了，家也找不见了。那时，周先生常常外出，家中一切全靠夫人张允和，甚至诸如搬家这样的大事亦由她一人操持。张允和曾经说："我清楚即将开始的是结婚以后，也是有生以来最艰苦的生活，我不再是张家的娇小姐、任性的'小二毛'。"

我看过张允和先生早年日记，其中有抗战时期由上海搬四川的粗略记录："上海、苏州、芜湖、合肥龙门巷、合肥官亭老圩（两次）、汉口、重庆城里（四次）、重庆乡下（三次）、合川（两次）、成都（四次）、宜宾（两次）、南溪、江安、南温泉（蒙家花园）、唐家沱、灌县、西安……"还记录："一九三七年逃难入川时除婆婆和一双儿女外，还有两个保姆，

1935年，张允和与儿子周晓平

四十多岁的钟妈和十八岁的小老姐,总共七个人,二十件行李;出川时五件行李、四个人。钟妈死了,小老姐嫁人了,小禾夭折。"看到这简简单单,似乎毫无感情色彩的几笔,我有种撕心裂肺的疼痛。那字迹一笔一笔像刀刻在脑子里,挥不去、抹不掉,时时闪现。

去四川之前周先生在上海工作,家在苏州南园乌鹊桥弄,每逢礼拜六回家。乌鹊桥不是闹市区,安静、舒适,"此地在城如在野"。周宅不大,包括两进平房和一幢青瓦红墙的二层小楼。院外是大片玫瑰园,花开时节香飘四溢。不远处有小河,有尼姑庵。周先生记得一九三七年七月一日妻子允和、大姐元和、四妹充和应邀去镇江参加江苏省立医院成立十周年纪念会。允和回来说她们三姊妹联袂演出昆曲《游园惊梦》,三岁的儿子小平由钟妈抱着坐第一排看戏。戏中春香一登场,小平就兴奋地指着台上大嚷"妈妈,妈妈!"那时,他们的生活充满欢乐。然而,卢沟桥的炮火打碎了所有的平静与幸福。"八一三"事变后,上海、苏州住不下了,他们逃到张允和的出生地——合肥龙门巷张家祠堂。住了几天,日本飞机不断轰炸,合肥城里也不安全。张允和带着婆婆、儿子、女儿和保姆辗转到合肥与六安之间周公山南麓的张老圩和张新圩,周先生去芜湖。

张老圩和张新圩相距三公里,是张允和曾祖父张树声和曾叔祖父张树屏当年办团练时建造的,是典型的安徽大地主庄园。高墙围起的大庄园像个小城堡,里面有布店、杂货店,有种稻、种菜的,有养猪、养鸡的……即使与外界中断联系也能生活。围墙外有护城河,进出有水门吊桥,可关可守。在圩子里刚刚过了几天安定日子,张允和接周有光决定继续后撤的消息。她匆忙扶老携幼,带着大小二十件行李去芜湖与之汇合。

为什么不能留在上海或张家圩子？周先生说，在圩子里人身安全似乎有保障，但不能做事也非长久之计。特别在爱国主义思想驱使下，他绝不在日本人一边当亡国奴，而要投身抗日救国的斗争中。他还说，自己留学日本，若当初留在上海，那麻烦就大了。日本人诡计多端，他会拉你下水，设法陷害你。比如他找个借口拜访你一下或把你的名字列在某委员会里，你就成汉奸了。虽然你什么也没做也百口莫辩，有些汉奸就是这样被冤枉出来的。

周先生说打仗之前从上海去湖北、四川船票不难买，但是战争爆发一切都混乱了，大量人员、物资要撤退，而外国的轮船公司相继走了，上海码头一年的预售票都光了。他费尽周折总算买到从芜湖到汉口一条运煤船的船票。即便如此，也不能在芜湖客运码头上船。因为一旦有船靠岸，不管有没有船票的难民都会蜂拥而上，有票也不一定能挤上去。他们事先约好，半夜在一个偏僻的小码头上船。这是一条大木船，加装一些马达做动力。当时入川的长江通道，特别是宜昌以上的三峡航道不但狭窄，而且滩多浪急。溯江而上的大船不能直达重庆，必须在宜昌下船换乘大马力的小船才能过三峡入川。

抵达汉口，周先生接连几天去码头也没买到船票。一天，他又站在码头售票处等消息，忽然有人拍他的肩膀，回头一看有些面熟，当那人"童"字一出口，他猛然想起是上海圣约翰大学的同班同学童少生。分别十余载，见面方知他已是民生轮船公司副总经理。周先生说真是天降救星，一个星期后，童少生在一艘入川的轮船上，为周家安排了一个"大菜间"（船上最好的舱房）。舱内有床，有桌椅，一家人住进去虽说挤点，但在当时能买到这样的船票已是不容易的了。第二次周先生从长沙再来

张允和、吕恩(左)在江安戏剧学校门前(1941年)

汉口却没找到童少生。

民生轮船公司是卢作孚一九二五年创办的。抗战前，民生轮船公司已经统一川江航道，成为中国最大的民营航运企业。抗战爆发后，时任国民政府交通部常务次长的卢作孚率领他的公司员工积极投入抗日救国事业。民生轮船公司尤为后人称道的是一九三八年十月底至一九三九年初，克服无法想象的艰难险阻，完成了所谓"中国实业史上的敦刻尔克"——宜昌大撤退，为国家保存了工业命脉。在抢运过程中，卢作孚多次亲临宜昌，而他的得力助手童少生则在那里主持日常工作。

在颠沛流离的八年中，对于周家来说最大的痛莫过于女儿小禾夭折。一九四一年五月，周先生不在家，他于头年去缅甸仰光探母未归。张允和带儿子、女儿住唐家沱乡下。一天，小禾忽然说肚子痛，接着发高烧。"战时"缺医少药，条件恶劣，但张允和知道不能耽误。两三天后，托人住进重庆医院。医生诊断为盲肠炎。那时，盘尼西林等抗生素只供空军伤病员使用。没有特效药，医生只在小禾腹部切开两三寸的口子，每天清洗。小禾很乖，医生治疗从不哭闹，但脸上不时表现出要哭又不敢哭的样子，轻声说背痛，要妈妈抱。酷暑中允和抱着女儿心如刀绞，精神几近崩溃。四妹充和、五弟寰和来了，却都束手无策。亲人们眼巴巴看着小禾的盲肠一点点化脓、溃烂，直至腹膜发炎。七月里，不满六岁的小禾永远离开妈妈的怀抱，离开了动荡不安的世界。

周先生从缅甸回来，无法接受女儿的离去，心中痛苦，不能自拔。他在《祭坟》中写道：

> 爬上一座山，穿过一丛树，看到一块石碑，走近一墩土坟。供

张允和与小平、小禾

上一束花，点上一支香，唤一声小禾，擦干一袖眼泪。啊，小禾，我的女儿……

朋友沈天灵是位基督徒，劝他去教堂接受"洗礼"。洗礼很简单，领一份圣餐（一小块面包、一杯水），签上姓名，几分钟就结束了。周先生虽然从小就受到宗教熏陶，但一直没有入教。因为是独子，满月他就被抱到天宁寺给观音菩萨当儿子；长大就读于教会学校圣约翰大学，在校期间每天早晨跟校长、教授们在大礼堂祷告、朗诵《圣经》，礼拜天去教堂听主教布道。谈到宗教，他说自己宗教意识淡薄，是无神论者，但不反对宗教的存在，更不否定宗教的社会作用。"宗教对于有些人还是重要的。人们在精神极度痛苦时，在现实生活中某些愿望不能满足时，常常需要宗教的慰藉；科学发达，人类认识世界的能力提高，但未知的东西更多。对于自然界的矛盾与无奈只能借助宗教来解释。"

一九四三年一月，周先生一家住在成都甘园一幢洋楼里。此时，他已调入新华银行工作。银行收入不菲，并且还给他配有包车。成都的轰炸比重庆少，生活相对安稳，他们也努力从丧女的痛苦中摆脱出来。二十五日中午，儿子小平和房东小孩在院子的天井里玩包车。房东孩子坐在包车上，小平拉着他来回跑。突然，不知从什么地方射出的一颗流弹打中了小平。又是周先生去重庆不在家的日子，张允和闻声跑来见小平手上、衣服上到处是血，她的眼前一黑，但没有倒下。她和房东立即把儿子送到医院抢救。第二天，成都大小报纸都刊登了"五世单传的儿子中子弹"的新闻。在小平手术高烧昏迷的日子里，张允和三天三夜未合眼。她只有一个念头，"小禾没有了，我不能一分钟看不见小平。"然而，小平比小禾幸运，三天后开始退烧、苏醒，儿子终于闯过鬼门关。

周先生得到消息时，恰巧四妹充和从青木关教育部来重庆市内办事，她住上清寺曲友张善芗家。凌晨天未亮，张充和听到急促敲门声。男工起来开门，一听来人是二姐夫耀平兄，她几乎滚下楼来，以为二姐允和出事了。惊闻小平中弹，充和赶紧去敲朋友郑泉白的门，请他从车站内部买第一班去成都的车票。送走周有光，四妹充和失魂落魄，心想"小平再出事，二姐怎么办？这一家又怎么办？"重庆到成都两天路程，几天后她盼来"小平脱离危险"的电报。之后，又接耀平兄的长信。信中说：

重庆车站别后，我带着一颗沉重似铅的心，经过漫天的雨天路途，到家已是廿九日晚六时。在家门口，没有进门，我隔门在门洞里问房东家的男工："小平怎样？"他说："在医院里。"在他的语音里，我听出小平安全的消息，这才松了一口气，否则，我真不敢进这个大门。我上楼，只有老母亲一人在做鞋，我已得知小平有望，尽可以自然地谈话了。我转身到医院，在半路上遇见允和，也已经没有紧张的情绪，但仍然是非常兴奋。

到医院，这已是出事的第五天（整四天），小平热度未退清，而神志早已清醒，并且可以随便谈几句话了。除了腰间穿一洞外，小肠打三孔，大肠打一孔，并伤一处，共计六处破伤。事情出在廿五日下午一时许，地点在大门以内天井中。入院在二时左右，经三小时准备，四小时手术，至晚八时许，才由手术室出来到病房，一切科学方法都已用尽。医院隔壁是美（国）空军医院，各种设备可以通借。曾输血200cc，其它针药种类繁多，无时或间，所以经过十分正常。最初三日昏迷,到第四天才敢说危险过去,这好比在八堡看钱塘江潮,平静的海岸忽然可以卷起百丈波涛,等到我赶回成都,又已是潮退浪平,只能看见江岸潮痕处处了。

　　我记得当定和三弟闹离婚问题时,他气愤几不欲生,我以"多面人生论"开导他,当时他虽固执,今日他已深明此义。我知道允和把一切希望都寄托在小平身上,万一小平有意外,允和的悲痛将又非定弟那时可比,我唯一可以劝解她的,也只有"多面人生论"。而我为自己解说,自己和自己辩论。汽车的颠簸叫我疲倦,叫我麻木。这也帮助我心情平静下去,但我无论如何不能鼓起积极的生活兴趣,也不能自己接受自己的积极人生观,我逐步步入宗教的安慰里去。我在教会学校读书多年,但是没有信教。小禾死了三年,我才受洗礼,但我没有做过祈祷,这次我为了小平,做默默第一次祈祷。我渐渐失去了对人力的信赖,我只有茫茫地信赖神力了。八姐(绮和)说:"如真小平有事,我看二姐(允和)难活,老太太也经不起这打击,耀平岂能独存,这不是一家完了吗?"真的,假如我一到家门口问那个房东家男工,如果他的答复是另一种,那么我眼前的世界将是完全另一种色泽。人生的变幻我真无法捉摸的了!

　　讲到抗战,周先生说的最多一句话是"人命不值钱"。有一段时间,周老太太和孙子小平住重庆乡下;张允和在赈济委员会工作,带小禾住城里。赶上重庆大轰炸,大火烧了几天几夜,断水断电。"为了找一点水给女儿做饭,我一个人从枣子岚垭走出了几站地,满眼的残垣断壁,空气中弥漫着焦煳味。我摸索着向赈济委员会的方向走,路上没有见一个行人。在一辆大卡车边，我猛然站住并后退两步，那是一个死人。倒卧在车轮旁，四肢还完整，但脑壳崩裂，脑浆洒一地，我见到了真正的肝脑涂地。又走过一条巷子，我看到了堆得一人高的白木棺材，显然里面都装满了人，正等待着被运走，我心里一阵阵发冷。"周先生说张允和幸运，炸七星岗她在上清寺，炸上清寺她在枣子岚垭，炸枣子岚垭她又到七星岗。

抗战进入第八个年头，周先生忆起早年和张允和在上海常去吴淞海边，坐在拦海的石头上，看海，看天……心中陡然升起失望的惆怅。他写白话诗《失落的欢欣——1945年胜利在望，重庆》，借以抒发心中的苦闷。

当我游乐在吴淞江滨，
那时我正青春，
跳跃的海波戏弄着飞舞的鸥群，
低回的白云拥抱住娇艳的夕曛，
青草抚摸我的脚，
海风狂吻我的头，
我高歌，生命的欢欣，欢欣的生命。
海风卷起歌声，一片片吹落在海滨。
今天，我踯躅在重庆的街头，
八年了，我追踪着战争。
崎岖的山坡颠簸着倔强的车轮，
昏沉的烟雾笼罩着失神的早晨，

泥浆拖住我的脚,

雨丝乱打我的头,

哪里去了,生命的欢欣,欢欣的生命,

唉,我叹息一声,轻轻地不愿叫人听闻。

我要回到吴淞江滨,

去寻那失落的欢欣,那失落的欢欣。

可是我怕,

海波已经枯冷,海鸥已经飘零,

白云黯淡,夕阳黄昏,

啊,明年,

春风苏醒,春草再生,

能否寻

当年的脚印,难忘的温情。

  周先生说,一九四四年六月六日,英美军队在欧洲大陆西海岸登陆,一九四五年五月八日德国投降。在这十一个月中,中国基本处于等待状态,胜利是必然的,但是不知要到哪一天。直至一九四五年八月六日和八月九日美国分别在日本广岛、长崎投下原子弹,中国的抗战才见胜利的曙光。八月十四日,日本天皇口述录音投降诏书。九月二日,日本两个大臣在美国一艘兵舰上签字投降,国民党政府代表参加了签字仪式。九月九日,在南京中国战区的日军最高指挥官正式向中国投降。消息传来,苦苦挣扎八年的人们欢呼、庆祝,几近疯狂。千千万万因战争而汇聚在后方的大小官员、平民百姓都急于回到故乡——上海、南京。此时,

抗战胜利后聚首上海（1946年）。
一排左起：周晓平、沈龙朱、沈虎雏
二排左起：张元和、张允和、张兆和、张充和
三排左起：顾传玠、周有光、沈从文
四排左起：张宗和、张寅和、张定和、张宇和、张寰和、张宁和

买车票、船票不比来时容易。

周先生因为要办理新华银行重庆总行撤回上海的前期准备工作，通过业界特殊关系，一个人带简单行李搭美国军用飞机先于家人返回上海。这架飞机主要运一批美国兵去上海。飞机上空空如也，没有座位，没有凳子，大家席地而坐。飞机上不但没有吃的东西，连水也没有。好在飞机很快，直达上海。周先生说下了飞机，像换了一个世界，换了一个天地。印象最深的是下飞机要喝水、要洗脸，自来水龙头一拧，流出清亮亮的水，啊呀，那个高兴是没法说的。在重庆，自来水是浑的，而且很少，普遍是买水，叫"人挑自来水"。

周先生走后很长时间，张允和带着婆婆、儿子才坐着一条大木船回来。因为重庆到汉口、到上海是下水，所以木头船能走，但非常危险。经过三峡有许多船翻掉，张允和的一个亲戚董叔昭就是掉到水里死了。

当年周家去四川，把苏州的家托付给一位男工看管。返回，男工去向不明，家里的东西也没了。周先生说，也难怪，离开时以为去一两年顶多三年，谁会想到一去就是八年。不过生活中也有奇迹。一九四六年张允和去苏州探亲，在旧书店随意购得几本旧书。其中有册线装《唐五代词选》，封面上有朱笔写的"远苏"二字。张允和并没在意，带回上海顺手放在书架上。一天，周先生在书架发现这本旧书，惊喜地叫起来："啊，这是我的书呀！重又回到我手中，真是太奇妙了！"遂在封面上写下：

> 抗战八年，避居蜀中，家中旧物损失早尽。今日忽于书架见此书，视之若相识者；细看封面有"远苏"二字，遂知为余之旧物。

并忆起此二字为老友所书。询之允和，方知此书甫自苏州旧烬中拾来。得此如晤二十年前故人，喜不自胜，因此记之。

耀平 35 年 8 月 3 日晚上海巨鹿路寓所

这是一九四六年的事。此时周、张二人缔结秦晋之好已十三年，相识也二十余载，张允和浑然不知远荪为何人。周先生解释说："你知道我有八个姐妹，唯我一个男孩，独子难养。从小记名给恽彦村（字次远）为孙，给次远的儿子学基为子。"恽次远太和殿殿试第四名，恽家是常州府的旺族。学基夫人是（有光）祖母侄女，有六个儿子。恽家像《红楼梦》里的荣国府，每个儿子有一个院落。寄祖父为寄孙取名福耀，字远荪，"福"字是恽家排行，这就是"远荪"的出典。

我见到保存至今的这册《唐五代词选》，封面老友所题"远荪"两字已模糊不清，但周先生当年隽秀的钢笔记录仍然清晰可辨。看到这册"道是有言却无声"又破损残缺的旧书，我竟爱不释手，却又不忍再翻动它。在这茫茫世界上，不知它流传过多少地方，换过多少主人，被多少人翻看，是欢乐还是忧伤，是幸还是不幸，我无由得知，更欲问无从了。是呵，战争如此残酷，而它却迷津识途，历尽沧桑，又神话般重回到主人手里。多么动人的故事，多么珍贵的记忆。

《唐五代词选》封面

六、美欧之行

□ 国际日期变更线上过生日

一九四六年继周有光先生回上海之后，王志莘等新华银行总行在重庆的人员也陆续归来。返沪后，银行董事会的当务之急是着手恢复银行对外营业，并考虑在原有基础上拓展新业务。行长王志莘目光远大，他决定继续新华银行过去的老办法，即两年一次派遣高层管理人员去美国，一边工作，一边学习美国银行新的经营理念和新的经营方法。周先生说，当时银行都是科学管理，有贪污腐败的现象，但规章制度严格，要犯罪也不那么容易得手。

王志莘希望周有光去美国恢复与美国同行的合作关系；建立新原物产公司美国分公司，准备将来做中美之间的国际贸易。

"二战"时期美国援助中国抗击日本侵略，中美关系友好，去美国办理护照很方便。如果预备一家子去美国，美国领事馆只要一张全家合照贴在护照上。签证的唯一条件是有四千美金存在美国银行。周先生原计划带夫人和儿子一家三口同去美国，但考虑儿子年纪尚小，正处于人生打基础阶段，最后改变初衷把小平留给内弟张寰和。寰和是苏州乐益中学校长，夫人是中学教员。在苏州，对于儿子的成长有利无弊。周先生主张一个人既要有本民族的传统文化，又要学习现代文化。他说，汉文化博大精深，一定要从小打好基础。当时出国很容易，只要有钱随时可以出去。后来的变化是想象不到的。

　　周先生办完出国手续将母亲、儿子安排妥当，就订船票。虽然，飞机从上海到美国旧金山的航线已开通，但只限军用，不售民用机票。一九四七年一月上旬，周有光、张允和夫妇坐"美格将军"号去美国。"美格将军"号是由兵舰改为客船的，船不大，属于中小型。因为是战后恢复交通的临时航运工具，设备简陋。里面有许多小客舱，当中有一个大的厅堂。大厅里可以喝咖啡、跳舞。甲板上有些帆布床，没有多少娱乐的东西。好在沿途不停靠，直达旧金山，全程只需十四天。"美格将军"号比较平稳，不晕船的人基本没有反应。然而，海涛总不能和江河里的波浪相比。夫人允和晕船，开船后就躺在床上不敢动。每天只靠苏打饼干和橘子水过日子。周先生一个人很无聊，顶多去大厅喝点咖啡，或者在甲板上看看大海。大海无边无际，水天相连。耳畔除了涛声，万籁俱静。

　　船上的娱乐活动很少，半个月的航程只举行过一次简单的"同乐会"。组织者中有位徐樱女士，她是张允和的老朋友。早在抗战之前，她们就经常在一起唱昆曲。徐樱的丈夫李方桂教授已经在美国。张允和本来晕船晕得厉害，但徐樱拉她唱昆曲，不好拒绝。周先生说："真奇怪！躺

省識浮踪無限意，個中滋味付影儔
雙雙嶺江漢共相將 不霖春水起
鈴道柳絲長 投向碧波深夢裏
往他鮫泪泣深莊日夢芳餌別銀鉤
嗟殘波底月為你惜余光
　　　　　　　　　　　臨江仙
若辛巳川中為人題鯉魚圖今耀兄先姊
將渡重洋錄此誌賀
　　　　　　　元和

歲暮還言別　依依不忍離
海行須自重　握手問歸期
耀兄允妹遠渡重洋書此贈別
老成　元和

家到底還是趕上了來送行希望你們回來的時候廣海員不要再鬧罷工因為二姐喫了一年趟色胃已經好全不必再多逗留，祝你們旅途愉快
四弟于和共一月二日

1947年，周有光夫妇去美国，张家兄妹题字送行

了几天吃不下、喝不下，一听徐樱的笛子吹起，精神马上来了。"她的一段"原来姹紫嫣红开遍"获得满堂彩。

这次美国之行对于周先生来说看似平淡乏味，但也有终生难忘的巧遇。轮船从上海出发向东航行，在太平洋上要经过国际日期变更线。由西向东途径此线要退一天，反之要进一天。"美格将军"号经过变更线是一月十三日，无巧不成书，这天恰好是周先生的生日。第二天过了变更线仍然是一月十三日，周先生连续两天过了两次生日。周先生说："千载难逢！这是一生碰到最有趣的事情之一。"

农历除夕，轮船抵达旧金山。他们从旧金山坐"顶高级的蓝钢火车"去纽约。周先生说美国大力发展铁路交通，是在第一次世界大战之前。高峰时，年均建筑两三万公里长的铁路。人们普遍知道美国是公路之国，其实在公路之前它的铁路早已四通八达，密如蛛网。如此发达的铁路系统，几乎都是私营企业。它有许许多多的铁路公司，有的公司只造一段轨道，有的公司有一些机车，有的公司只有车厢。蓝钢车厢公司最有名，它制造的车厢里面有浴室，车厢四面是大玻璃窗，座位是可以旋转的小沙发，便于四面观光。火车经过名胜古迹，车厢内通过播音向旅客说明介绍。从纽约坐火车去华盛顿，就像我们今天坐公交车一样便捷。火车运行没有时刻表，十来分钟一列，旅客上车再买票。每节车厢有四个门，两个门上下汽车，两个门上下旅客，到站后人群一下子散去。美国铁路系统虽然由数不清的大大小小的公司构成，但相互衔接得天衣无缝，如同一个整体，让人不能不惊叹它的科学管理方法。

周有光、张允和在美国耶鲁大学草地上(1947年3月)

□ 新华银行在美国的业务联系

周有光先生此次是以新华商业信托储蓄银行，简称新华银行驻纽约代表身份赴美。抗战之前，新华银行在纽约百老汇设有办公室。战争爆发，银行在美国业务停顿，但租赁的办公室没有退租。房子委托时任国民政府教育部次长秦纷的儿子秦宝童照管。当时，他在美国读书。

周先生到纽约，很快登记成立新原物产公司，注册地址是百老汇原有的办公室。征得王志莘同意，另聘章午云和秦宝童为公司副总经理。章午云，无锡人。毕业于复旦大学，他和周有光是常州中学同学。谈到章午云，周先生流露出无尽怀念和一丝伤感。他说："章午云大学毕业去美国，在纽约做进出口生意，对国际贸易很有经验。他的一生比较顺利，起码没有像我们在国内经历这么多磨难。我们在中学关系就好，我去美国，来往更密切。新中国成立后，我生活困难，他每年寄钱来。二〇〇六年去世，活了一百岁。没有办法，生死是自然规律。'聊乘化以归尽。'"

周先生来美国另一项任务是向美国银行学习新的管理方法，并恢复在美国的国际业务。按旧有办法，新华银行在美国仍然不设公开机构，没有门面。它的业务通过伊尔文信托公司办理；伊尔文在中国的业务也由新华银行代理。

周先生说，美国银行名称不一定叫银行，伊尔文信托公司在华尔街一号，是根基深厚的老银行，规模不顶大，但业务发达。华尔街遐迩闻名，这里是美国乃至世界的金融中心，但整条街不很长，楼房也不是那种摩天大厦，这里是各银行总部所在地。虽然公开办公，但一般的业务都在分行或办事处办理。当时美国和欧洲一些国家，已经实行五天或五天半工作制。星期五之后银行家们纷纷离开市中心，到郊外别墅去了。华尔街十分安静，几乎没有汽车和行人，只有鸽子在马路上悠闲地走来走去。

周先生通过对伊尔文信托公司的考察发现，战乱使中国的银行业大大地落后了。比如，国内银行记账仍然用手工，而美国已经有了机械记账机。它能自动计算、自动打印，省时省力，非常方便。周先生采购了一批记账机运回上海。除此之外，美国还有许多办公方法值得学习、借鉴。当时，短距离通讯用电话，长距离用电报。但是，使用方法不同，效果也不一样。美国银行或其他部门，在电报局可以申请一项特别服务：电报局收到电报译好电文，立刻打电话告诉你电报内容。这样，你拿到电报之前，在相对短的时间获得信息。在资本主义社会，时间就是金钱！美国人的工作时间看起来短，但效率高。他们创造财富的重要方法，就是办公效率。

讲到办公效率，周先生想起抗战时期从上海到四川第一次坐黄包车的经历。那天，天气晴朗，有太阳。车夫一手打伞，一手拉车慢慢走。周先生心里着急，就对车夫说："走快点，我给双倍钱。"车夫却说："你们下江（上海）人，黄包车是跑，我们拉车是走。"车夫的意思很明确，你给再多的钱，也不干！另一次，更有趣。周先生收到请客吃饭的大红帖子，帖子上写明吃饭时间是"午刻"。一看是"午刻"，他以为是午宴。中午赶到，但没有开饭，而是不停地上茶、上莲子汤，摆龙门阵……直至日落，客人才到齐。八点开席，吃到午夜。周先生熬不住，走了。其他客人继续留下，吸鸦片烟。

作为学者，周先生到一个新环境十分注意观察当地的民风、民俗。从这些社会现象，总结出规律性。他说，从现象看规律很重要。从一个地区的生活节奏，可以看出它的经济情况。节奏快，经济发达，老百姓富裕；节奏慢，经济落后，老百姓贫穷。上海社会节奏比四川快，美国比上海还快，所以美国最发达。

□ 纽约公共图书馆

周先生大学毕业一直想去美国留学，终因家庭负担和战争干扰未能实现。此次赴美工作，虽然任务不是很重，但要正规读学位时间仍然不允许，只能业余读书。他分别在纽约大学和哥伦比亚大学选修一些课程。同时，每晚到图书馆看书。纽约有许多博物馆、图书馆、美术馆。图书馆最多，几乎每个住宅区附近都有。近的步行几分钟，远的也只有十来分钟车程。美国的图书馆可以随便进出，自由阅读，无需任何凭证。周先生经常去"纽约公共图书馆"。该馆位于市中心，是私人开办的公共文化设施。馆内设备好，服务好。图书管理员知道周先生是研究经济学的，就对他说："既然你是做研究工作，我们可以给你一点方便，我们有专供研究的房间。很小，只有一张书桌和镶嵌在墙壁上的两个书架。不过有了这个房间，借书就不受限制。没有用完的书籍可以暂时放在里面，不用当天还。"

按规定，一个房间安排上、下午两个人专用，下午使用的时间可以到晚上十点闭馆。周先生选择下午。从此，每天吃了晚饭去看书。他说："这

周有光在美国国会图书馆前
(1947年5月)

是我在纽约生活当中最愉快的一件事，看了许多书，研究了许多问题。"

除了在图书馆看书愉快，去学校上课也有有趣的故事。并且，这个故事延续多年。一年夏天，他们到安阿伯密歇根大学度假，那里有朋友。适逢语言学家赵元任在密歇根大学暑期学校讲学。前面说过赵、周两家都住常州青果巷，是世交。张允和选修赵先生的语言学课程。每天上课发讲义，上面有赵先生新设计的"汉语拼音第二方案"，就是用拉丁字母拼写国语的方案（赵先生的第一方案是"国语罗马字"）。周有光先生看了觉得这个方案好，这份讲义一直保存着。

一九五五年，周先生改行到文字改革委员会负责制订《汉语拼音方案》。他在设计"方案"中参考了赵先生的"第二方案"。同时，在他撰写的《汉字改革概论》一书中，再次提到这个方案。

赵先生在美国看到《汉字改革概论》，就给周有光写信说，这个方案他自己已经忘记，请周先生告诉他是什么地方来的。非常不巧，赵先生寄信的时候，中国文化大革命已经开始。周先生说："'文革'的时候，没有通信自由。特别跟美国通信，那不得了，是犯罪的。"四年后，周先生拿到信才给赵先生复信。告诉他，"第二方案"出自二十年前赵先生的讲义，并为迟迟未能复信而道歉。

□ 美国社会的风土人情

周先生说，上世纪四十年代，是美国大城市兴旺发达的时代。当时纽约是繁华的大都市，交通、治安，各方面都最好。但是，几十年后他再去美国，发现美国城市发展有很大变化。那次是去加利福尼亚大学圣巴巴拉分校参加"百科全书"的学术会议。圣巴巴拉，城市不大，许多名人或富豪在此有别墅。伊朗国王妹妹的庄园很大，但围墙只有一点点高，抬脚就能迈进去。这里工业发达，但是，看不见工厂有烟囱，厂区安静，没有噪音。整个城市没有高楼。环境优美，治安良好。

周先生说要真正了解美国社会，就要和美国人交朋友，融入到他们的日常生活中。他交的第一位洋人朋友本是王志莘的老朋友，是金融家，后来从政，是白宫高官。他非常有钱，每礼拜从华盛顿坐飞机回纽约度周末。他在纽约歌剧院有长年包厢。包厢可以坐七八个人，不能冷清，要尽量坐满。这样，周先生常常被邀请礼拜六晚间去听歌剧。

歌剧普遍用意大利语演唱，为弄懂剧情，周先生事先找来剧本，查字典，然后再去听演唱会。他说通过与这位洋朋友的交往，知道美国上流社会更喜欢高雅的古典音乐。

当时碰巧原农本局局长、著名经济学家何廉和物理学家爱因斯坦都在普林斯顿大学做研究教授。

周有光先生从纽约去普林斯顿看何廉先生。何先生对周有光说："爱因斯坦这段时间空闲，你高兴和他聊聊天吗？"周先生说："当然高兴。"就这样周先生前后两次看爱因斯坦。

周先生说："很遗憾，我对核物理是外行，他对金融也不甚了了。我们的谈话没有涉及学术内容，只是随便闲聊。不过，他给我留下的印象非常好。没有一点脾气，也没有架子，穿着很随便。我们银行界穿衣服很讲究，大学里的风气跟银行不一样。他穿的衣服还没有我的衣服好呢。"

周先生的同学章午云与美国某纺织厂的董事长相熟。他们去拜访这位董事长。这家工厂很大，足足参观一整天。它的技术和设备堪称一流。在美国，不但有许多专门的研究所，大工厂本身也有研究所。车间工人按图纸加工产品，生产出的成品和图纸设计分毫不差。美国市场竞争激烈，研究所要根据市场需求不断创新。否则，产品被淘汰，工厂倒闭。所以，美国工厂的生命线不在车间，而是在研究所。

中午，董事长陪他们去工厂食堂吃饭。就餐的人有高层管理人员，也有普通工人。吃饭的时候董事长向客人介绍隔桌一位老太太，很有趣。她是老职工，在食堂打扫卫生多年，工作认真负责。董事长说："最近她买了一辆新汽车，比我的汽车好。我是开旧汽车，她开高级的新汽车。"周先生说，从这件小事可以知道，汽车在美国是必需品，不是奢侈品。开新的或旧的汽车，不代表人的身份。一个工厂食堂清洁工可以买最好、最新的汽车，而董事长是大资本家，非常有钱，却用过时的旧汽车，这一点和中国截然不同。

周先生在圣约翰大学读书时就接触到进口的英文打字机，他对打字机感兴趣。在美国，他去参观勒明顿打字机厂。大厅里摆放一个小钢炮模型，董事长介绍说，他们平时生产打字机；第二次世界大战时，根据军事部的要求生产钢炮。

从这一情况说明，美国军火生产是依靠民间工厂。平时，军火工业非常小，甚至可以说没有军火工业。国防部事先对各工厂的生产设备，以及技术情况做好调查研究。一旦战争爆发，根据各工厂的能力，生产不同的武器。这时全国都是军工厂，所以美国的战争能力特别强。美国人还告诉周有光，美国生产的坦克，开起来比开汽车还容易。美国人都会开汽车，打仗驾驶坦克不用另外培训。这也是美国打胜仗的原因之一。

周先生不但从大的方面研究美国社会，也注意在日常小事观察西方人的特点。旅居美国，他们的房东曾经有位意大利人。在西方，许多受过良好教育的女人，一旦结婚生育就辞职回家相夫教子。这种风气在当时非常流行，房东太太和张允和都做全职太太。

有一天，房东太太跟张允和讲她不开心，抱怨儿子大学毕业住在家里不交房钱。周夫人听了，不能理解：怎么儿子住在父母家里，还要交房租？原来，按美国人习惯，父母抚养子女到十八岁是理所当然的。子女大学毕业，就要独立。住父母房子，也要付钱。张允和了解到房东太太的儿子刚刚毕业，一时找不到合适工作，在外面打临时工。因为付不出房钱，房东太太不高兴，儿子也发脾气，母子关系紧张。张允和劝房东太太说，儿子没找到工作，你也不在乎这几个房钱，不如告诉儿子：在没有找到好的工作时，不要你的房钱。住在家里，我们欢迎你。房东太太照允和的话做了，儿子很高兴，态度一下子好起来。空闲在家，还帮妈妈做家务。房东太太也开心了。

还有一件有趣的事。周有光姐夫屠伯范堂房弟弟屠果，在美国读大学，毕业留在美国。他的太太是国民政府交通部长的女儿，从小在美国生活，生活习惯、思维方式完全西化。他们有两个儿子。屠果事业发展很快。周先生到美国时，他已经是一家大机械公司副总裁。他想买一所房子，为了省钱，也为了合乎自己的要求。怎么办呢？他就按照当时许多美国人的办法：买一块地皮，买加工好的建房材料。然后，按图纸请人拼装起来，就是一栋漂亮的小洋房。造房子时，他要求儿子空闲时间和自己一样去帮忙。开始，儿子照办了。可是，有一天两个儿子清早就不见了，直到晚间才回来。原来，他们给别人干活去了。在自己家干活没报酬，给别人干活有报酬。

从这些，可以看出东西方文化的差异。周先生说，中国古书涉及自然科学的不多，大多属于社会科学，讲人与人的社会关系。人与人的关系顺了，社会自然和谐。几千年形成的民族性格，讲究亲情、友情；耻于谈钱、言利。中国父母普遍望子成龙，但也注意"乌鸦反哺"的教育。而美国人提倡自强、自立，鼓励劳动，但劳动要有报酬，也就是"亲兄弟，明算账"。在人际关系上，中国人更具人情味。

□ 朋友情谊

有资料统计，十个美国人中至少有七个人属于这个或那个俱乐部，有的还不止参加一个俱乐部。俱乐部名目繁多，活动内容也千奇百怪。周先生说："有些事情你可能没法理解。从前人的生活是活的，朋友之间来往特别多，有各类朋友。新中国成立后，张允和只有一些昆曲朋友，人的生活是死的。"

周夫人允和与丈夫一样热情好客。有客人来，她喜欢做中国式的家庭菜。中餐好吃，不油腻，人人爱吃。但在异国他乡，选购做菜材料有点麻烦。比如，中国人讲究喝鸡汤。鸡汤要鲜，就不能用大规模饲养的肉鸡。肉鸡只能吃肉，不能喝汤。那么，客人来的头一天清早，周夫人坐地铁到很远的郊区，找犹太人开的活鸡店。现买、现杀，拿回家用细火慢慢煮两三个小时。这样烧出的鸡汤才鲜，才有营养。

他们的昆曲朋友李方桂、徐樱夫妇是周家常客。徐樱来了和张允和一块儿唱昆曲，一块儿下厨做饭。美国厨房很现代，冰箱、烤箱、煤气灶，样样俱全。李方桂先生是语言学家，在美国大学教书，也在研究所搞研究。当时哈佛大学正在编辑一套中国辞典，他在里面做编辑。辞典的规模宏大，搞了许多年，还只搞了一部分。它的性质类似我们新中国成立后开始搞，直至一九八六年才出版的《汉语大辞典》。不过哈佛大学搞的那套要求更高、更详细，要把中国从古至今的词语一个个详细说明它的出处，什么意思，在哪些书上用过。

经常来他们家的还有重庆时期的老朋友、新闻记者杨刚。她是《大公报》当红记者杨枣的胞妹。早前，杨枣被国民党杀害，当时闹得很厉害。国民党说他是共产党，左派说杨枣是冤枉的。与杨刚一起来的还有中央通讯社记者、国际新闻社社长刘尊祺先生，他们都是《大公报》记者。

刘尊祺对当时世界变化了如指掌，他们见面喜欢谈论国际形势。当中谈到最多，也最重要的是中国共产党和国民党的动态。抗战胜利之后，两党的斗争越来越激烈，打打停停，难分难解。美国人出面调解，也无济于事。多数美国人认为国民党贪污腐败，致使军中无斗志，都埋怨蒋介石没有搞好，但对国民党的节节败退，还是惋惜的。交往中，周先生只感觉他们思想左倾，但并不知道他们的派别。直至新中国成立，才知道这两位朋友不仅是秘密共产党员，而且刘尊祺还坐过国民党的监狱。他们都是共产党的精英、骨干。

一九四九年新中国成立，周恩来组阁政务院，杨刚担任秘书长。她有才干，有魄力，人非常好。但不知为什么，反右派运动中竟然自杀了。周先生说："我不理解，杨刚为什么反党。"

刘尊祺建国前夕回到北京,任新闻总署副局长、外文出版社社长。可是,不太久就听说他犯了政治错误。从此,没了消息。直到"三中全会"之后,刘尊祺才重新工作。他是新成立的大百科全书出版社副社长,同时兼翻译美国《不列颠百科全书》、出版中文的《简明不列颠百科全书》三人领导小组组长。领导小组的另两位成员是周有光、钱伟长。周先生和刘先生由几十年前的朋友成为同事。他们从一九八〇年到一九八五年,花五年时间跟美国人合作,翻译、出版了《不列颠百科全书》和《简明不列颠百科全书》。

周先生在美国的这两位新闻界老朋友、中共老党员,一个在五十年代的政治斗争中自杀了;一个虽然没有死,却前后受了二十年的铁窗苦难。

周先生说"二战"之后,著名学者罗常培也到了美国。起初他在朴茂纳大学,后到耶鲁大学讲学,耶鲁大学所在地新港跟纽约交通方便。罗先生到纽约,多次和当时也住在纽约的老舍先生一道去周家。他俩都是满族人,从小同学。老舍的小说《骆驼祥子》在美国翻译出版,他拿到稿费就有钱到美国了。有一次,老舍和罗先生到周家,进门就说:"好久没有吃粥了,要吃粥。"张允和做好饭,他们一起吃粥。饭后,罗先生偶然发现周先生正在研究速记,这勾起他的回忆。罗先生说他年轻时,曾做过国会的速记员,是速记引发他研究语言学的兴趣,并走上专业语言学的道路。

从此,他们多了一个聊天话题。周先生告诉罗先生,一位洋人朋友想学一点儿中文,只要一点儿。为了教这位洋人朋友,他自己编了一本《中文十课》的微型讲义。他的教学方案是先用简易的拉丁化新文字,学五节课之后再开始教方块字。罗先生从头至尾认真阅读了这份讲义,对错误及不当之处用铅笔详细作了改正,同时告诉周有光"不用声调,不好"。

周先生说:"他的诚挚态度,给了我深刻印象。想不到他这样一位国际有名的语言学者,竟对我的消遣的玩意儿毫无轻视之意,反而主动给我帮助。这种雅不轻俗的民主作风,在当时的学术界是难能可贵的。从此,我听了他的话,不再赞成当时拉丁化运动反对标调的主张。从此,我对中文的拼音化问题,继续作一些业余的研究,不再把它看做是见不得人的事情。"

一九五五年,周先生从上海到北京参加全国文字改革会议。会后,他由经济学界转行到新成立的中国文字改革委员会。周先生说:"留下后,第一件事就是去请教罗先生。我忽然成了罗先生的一个大同行,这也是罗先生所没有想到的。我有罗先生这位老朋友可以请教,这是我的精神依靠。从前,我阅读语言学书籍,是换换阅读的口味,任意浏览,不求甚解。现在要改行,就得从头学起了。从头学起的第一件事是认真学习罗先生和他的大弟子王均先生合写的《语音学常识》。我多次对罗先生说:'我是您的大弟子的未及门的弟子。'"

周先生还记得一九四八年在纽约过春节的情景。当时他们住哈得孙河边一幢公寓里,周围环境很美,楼下是河岸花园。除夕夜,华人圈子的节日气氛浓郁,来了许多朋友守岁。周夫人允和准备的年夜饭是什锦火锅。朋友欢聚有说有笑,庄谐迭出。老舍先生风趣幽默,喜欢讲笑话。他的笑话有雅有俗,那天讲了许多有关乌龟、王八的故事。他说,从前有个富人的儿子小名叫"吾子"。某天,富人抓到一只乌龟,急急召唤儿子来看。大喊:"吾子,王八!吾子,王八!"张允和、徐

张允和在纽约哈得孙河边五楼A
字的寓所（1947年7月1日）

樱唱完昆曲《牡丹亭·游园》，老舍兴头上又唱京戏《钓金龟》，逗得众人笑痛肚子。

周先生说，老舍在北京长大，经常到天桥听相声。相声表演不仅靠口头语言，还靠肢体语言。而肢体语言只可意会不可言传，这是天生的。

□ 坐"伊丽莎白皇后"号去英国

一九四八年，周先生在美国的工作告一段落。此时，新华银行准备在香港设分行。香港是英属殖民地，设分行要在英国注册。周先生是新华银行董事，银行总部通知他以股东身份去伦敦办理注册手续。此行的另一任务是跟英格兰银行联系，恢复伦敦与上海之间的汇款及进出口的押汇业务。新华银行和英格兰银行一早有业务关系，由于打仗中断了。

美国到英国，签证很方便。战争刚刚结束，英国经济尚未恢复，国内财政紧张，外汇短缺。为赚外汇，英国制造"伊丽莎白皇后"号和"玛丽亚皇后"号两艘豪华游轮，专门跑英国到美国纽约等东海岸航线，主要招揽美国人的生意。

周有光夫妇乘"伊丽莎白皇后"号，赴英国伦敦。

游轮很大，在大西洋上航行十分平稳。它的舱位分头等舱、二等舱和三等舱。游轮水面以上有六层（不算甲板），水面以下有四层。最下一层不是客舱，是存放轮船本身用的东西。船内有许多部电梯，有供客人上下用的电梯，也有搬运货物用的电梯。头等舱与二等舱之间的客人

周有光、张允和在英国剑桥大学
(1948年)

可以自由往来。但对三等舱有限制，基本不欢迎三等舱的客人跑到头等或二等舱。周先生买的二等舱票。

每等舱都有很大的饭厅，很豪华。周先生说："我不顶知道三等舱的情况，头等舱、二等舱都是一样的。吃饭的时候很气派，像参加宴会。特别是晚餐，大家都穿了礼服，至少是穿了黑色西装。"早在出国之前，他就有所准备，光是夫人允和的旗袍就带了一二十件。他说："当时我有那经济条件。不像你认识我时，都穷趴地了。"

吃饭的时候不仅有音乐，还有舞蹈可以看。表演舞结束，客人也可以随着音乐自由跳交际舞。每一等客舱里，都有百货公司。规模虽然不大，但商品种类并不少。海上交易无需交英国的关税，也不要交美国的关税，价格不贵。做生意，就一定要发生货币往来，所以各个舱内都有一个小银行。美国人喜欢游泳，游轮上设有游泳池。头等、二等舱的游泳池在甲板上，特别讲究。"很可惜，这样好玩的游轮，张允和晕船，没有办法享受。""伊丽莎白皇后"号从纽约到伦敦附近的一个港口，耗时三天三夜，很快，也很稳当。

第二次世界大战，德国飞机对英国实施地毯式的轰炸。战争结束两三年了，伦敦到处还可以看见被破坏的痕迹。虽然，英国赢得最后胜利，但情况很惨。战前，一英镑兑换八美元。战后，一英镑变成四美元，这还是官价。黑市，一英镑只能换三美元。

不单单外汇紧张，吃的、用的都紧张。鸡蛋是配给的，饭店里的炒鸡蛋是用面粉加点黄颜色做成的。英国人讲究喝咖啡，上午十点半工间休息，都去喝杯咖啡，吃点小点心。伦敦的大街小巷到处都有咖啡店。夫咖啡店很有趣，进到店里，老板娘给你一杯咖啡，一小片糖精和半块小方糖。然后，老板娘就坐在那里用剪刀"咕咚、咕咚"，把小方糖剪成一半一半的。"那场景一直印在脑子里，很有意思。"

周先生说，在美国到处都有小药店，里面卖药，但主要卖快餐，卖小吃，卖一切能卖的东西。名曰药店，实际是小杂货店。伦敦也有类似的店，名字叫"街角的店"，因为它通常在街道的拐角处。清晨，可以进去吃早点。平时，也可以买一些零星物品。英国人喜欢吃广柑，过去有外汇进口美国广柑。现在外汇紧张，只能从殖民地澳大利亚运来。即便澳大利亚的广柑远不如美国产的好吃，仍然供不应求，排很长很长的队，一个人只能买两个。

英国是老牌帝国，殖民地遍布世界各个角落，人类历史的重要文物都在这里。英国的博物馆、图书馆多得不得了。博物馆中最有代表性的是伦敦博物馆，也叫大英博物馆。周先生到达英国时，恰逢伦敦博物馆展出早前盗运去的中国敦煌文物。这些展品都是孤品，在中国，在其他任何地方都看不见了。展品每天限量展出，周先生连续参观一个星期，十分开心。

在伦敦，周先生还幸运地看到稀世珍宝——罗塞达碑。发现此碑意义重大，它为埃及学研究奠定了基础。周先生说："能看到它一眼，真是一种文化的最高享受。"罗塞达碑是法国士兵于一七九九年，在尼罗河口的罗塞达要塞发现的。后来怎么弄到英国，周先生不得而知。碑体刻有古代埃及象形、俗体、希腊等三种文字。法国的埃及学家译出其中的象形文，知道这个碑是公元前二世纪初，埃及祭司为国王树立的颂德碑。周先生在博物馆不但参观，还买许多馆内出售的出版物。这些珍贵资料，在他日后的学术研究中得以运用。

□ 游历欧洲大陆

周有光先生在伦敦办完公事,与夫人去欧洲大陆旅游。周先生说,到欧洲大陆一定要看法国的罗浮宫、意大利的古罗马遗迹。周先生对古代罗马墙壁上保存下来的文字,非常感兴趣。他仔细阅读、揣摩,但还是很难看明白。其中的原因,不仅因为它是拉丁文,而且还因为古代罗马的字母拼写习惯是一口气写下来,不分词的。直至十六世纪之后,才出现分词连写,并慢慢形成固定的格式。周先生说:"分词连写是语文技术的进步,我后来搞《汉语拼音方案》很注意这一思想。莎士比亚手稿也不分词,一个句子完了才分,很不容易看。"

周先生从美洲到欧洲,发现一个很有趣的现象:在美国大小党派众多,听说有共产党,但不知道谁是共产党。几乎没有人注意有这么一个党。周先生一早在中国,就知道英国共产党创办的《每日工人》。到英国很想看看它登载的内容,可几乎买不到。马克思的文章最早在英国发表。现在,这个共产主义发源地,共产党已经没有地位了。

然而,欧洲大陆的情况却不同。法国共产党的活动轰轰烈烈,国会议员中四分之一是共产党。宣传法国共产党的报纸、杂志及各种各样的刊物比比皆是,多得不得了。当时给人的印象,法国共产党俨然要成为执政党了。意大利更不得了,罗马市中心的一幢大楼,楼顶就插着共产党的旗子。意大利共产党在国会有三分之一的议员。

"二战"之后,英国工党和执政的保守党斗争激烈。工党提出一套

周有光夫妇在意大利庞贝城
(1948年)

施政方案：向选民承诺，一旦竞选成功将建立社会主义。当然，这个英国的社会主义不同于苏联社会主义。当中"从摇篮到棺材"的内容影响很大。根据工党这个方案，英国将建立高福利的民主国家。以丘吉尔为代表的保守党，虽然取得第二次世界大战的胜利，但在国内竞选中落败，丢掉执政权。工党获胜，不断连任，但福利过高，资本停滞。直到保守党重新上台，撒切尔夫人实行私有化才扭转局面。这是后话。

当时，不仅欧洲处于历史转折关键时刻，中国也处在一个转折的关键时刻。每个人不能不考虑政治问题。

当代民主的一般模式是多党直选，三权分立。中国的民本思想，不等于民主制度。

民主制度发端于英国，完善于法国，蓬勃于美国。孟德斯鸠提出"三权分立"君主立宪政体的主张，后来成为法国大革命制定第一个宪法的思想基础。

民主不是十全十美的制度，但历史证明，民主有利于发展经济，提高文化，使盲目崇拜变为独立思考、因循守旧变为进取创新。

周先生说："日本投降以后，恐怕政界朋友特别是共产党内朋友不满意我去美、英工作。他们认为我应该留下。但个人志向不同，'光复'后各银行要振兴，首先要派高级职员到国外学习。年轻人都有远大的理想，希望国富民强。我的思想左倾，但不想做职业革命者。我是银行的高级职员，应该把银行业务放首位。从小就听祖母说：'不要做官，做官害人害己。'外国人说'肮脏的政治'。政治这东西变化太大、太快，瞬息万变，靠不住。无论在任何朝代，一个人各方面太出色、功劳太大，一般没有好下场。比如，商鞅、韩信。

"虽然，我秉承不做官的理念，但是，正如孙中山先生所说，'政治是大家的事情，和每个人都有关系。'人都是政治动物，每个人都有自己的主张和见解。我认为年轻时跟共产党走，自己是对的。现在，对过去进行反思，也是对的。在实践中通过独立思考，不断厘定自己的思想、修正自己的行为是必要的。实际上每个时代，都有时代思潮。上个世纪三四十年代亚洲的时代思潮是社会主义。四十年代，把社会主义理想化了。"

许多人对于台湾"立法院"的民意代表、韩国议会议员为通过某一议案发生肢体冲突，大打出手；美国总统选举党内、党外电视辩论互相揭短、攻击等乱象不能理解。

周先生说：美国天天革命，似乎很乱，但它不断和平过渡，所以没有突然革命；苏联万马齐喑、秩序井然、一丝不乱，瞬间解体，人人镇静。你是要苏联的不乱，还是要美国那样的乱呢？

□ 归国途中见闻

周先生从纽约到伦敦前，许多朋友去看他。洋人朋友一致劝他返回美国，不要回中国。而中国朋友恰恰相反，罗常培、老舍、刘良模，以及《华侨日报》主编丘唐，都劝他伦敦工作结束就回国。当中态度最积极的是杨刚和刘尊祺。他们认为蒋介石独裁，国民党腐败，败局已定。而共产党掌权，中国就可以很好地进行经济建设。周先生也认为，美国已经是发达的国家，人才济济，要在经济建设或学术研究方面有所贡献，

丁聪笔下的老朋友周有光、张允和夫妇

很难。在美国的作用相对而言是有限的,唯一的好处是个人生活会很好,但只能独善其身,不能兼善天下。而中国的经济长期落后,又打了仗,需要做的经济工作很多。他说:"那个时代的知识分子还是有理想的,不太看重个人利益。现在人可能不理解,时代不一样了。"

二〇〇四年四月三十日,周先生的儿子周晓平对我说:"抗战在四川,爸爸吃饭说丁聪左倾幼稚病,我听到。有一次丁聪一进门,我就说小丁叔叔,爸爸说你左倾幼稚病。当时我不懂什么意思,惹得小丁叔叔许久不来了。当然,后来又恢复友情。爸爸前一阵子说,自己才是左倾幼稚病。三四十年代很长一段时间,多数知识分子对共产主义思潮真是一种狂热。上海一解放,爸爸赶快买船票回国,投身革命,一心想发挥作用。"

周先生处理完伦敦事务,决定回国。夫妻二人不约而同想绕地球一周,不原路返回。他们去英国航空公司购买伦敦到香港的机票。香港有新华银行的分行,到了香港如同到家。乘坐英国航空公司的飞机,有一个好处:因为它和英国旅行社联合运营,沿途可以游览。飞机每天上午飞行,中午到一个地方就不走了,由旅行社安排参观游览。整个下午和晚上都在寻访古迹,体验异国风情。很晚回到预定的住处,睡一觉。第二天清早再登机,飞往下一站。飞机停顿的地方大多是英国重要殖民地。

周先生说过去在欧美所到之处多为现代化城市,很少有机会去偏僻的地方。飞机到了地中海的西西里岛,就看到欧洲的乡村——贫穷落后。这里多火山和地震,东北部的埃特纳火山是欧洲最高的活火山,但因交通不便,平时很少有人光顾。

而在巴基斯坦和印度发生的事情,更有趣。巴基斯坦刚刚(一九四七年)才被英国从印度分治出来。它(当时)的首都卡拉奇,早在一七二五年筑港,是闻名于世的优良港口。在这个巴基斯坦最大城市所遭遇的一件小事,叫人惊诧。周先生他们乘坐的飞机抵达卡拉奇时,正赶上当地流行传染病。飞机停稳,防疫人员不准客人下飞机,而是径直用杀菌的消毒剂向飞机里喷洒。药水喷在旅客的身上、脸上,到处都是。

在加尔各答市中心,汽车在马路上行驶,前方有牛。牛是神圣的,不能侵扰。汽车或减速或停下,给"散步"的老牛让路。加尔各答是印度最大城市和港口,而印度是四大文明古国之一。公元前二十世纪前后,人类创造印度河文明。但它却惨遭不幸,十一世纪穆斯林入侵并长期统治。十六世纪起,相继被葡、法、英侵略,沦为列强们的殖民地。后来,又直接归英国政府统治。文明古国,一步步被历史抛到后方。

周先生这次旅行到了许多地方,看到很多现象。他说世界发展是极其不均衡的,先进和落后相差十万八千里。落后的地方,不止一个方面落后。而是,各方面都落后得惊人。

七、从"国语罗马字"到《汉语拼音方案》

周有光先生虽然所学专业是经济学,所从事的工作是金融、银行业,但是,早在青年时代就对国语罗马字运动,以及稍后的拉丁化新文字运动有兴趣。他说,从公元前三千五百年埃及流通的圣书字和两河流域通用的楔形字以来,人类历史上有据可考并解读的字母是公元前一千一百年腓尼基人创造的(考古学家曾发现公元前一千七百年的字母,但尚未解读)。依据它的发现地,命名为比拨罗(今黎巴嫩境内)字母。之后,公元前四百年产生罗马字母(拉丁字母)。将罗马字母带到中国的人是一五八三年来中国的意大利耶稣会士利玛窦,这是比拨罗字母诞生以后三千年的事情了。

上世纪二十年代,日本留学回国的叶籁士在上海办一个《语文》刊物。"语文"两个字作为一个词,在当年是非常新颖的。

而《语文》这个刊物提倡文字改革,传播新思想,杂志刊载的文章很有意思,给人耳目一新的感觉。从那时开始周有光就给它写文章。因为是业余搞语文,文章自然很幼稚。

一九三三年拉丁化新文字运动从苏联传播到中国。发起和推动拉丁化新文字运动,主要是在苏联的瞿秋白和苏联人龙果夫。周先生说,瞿秋白的主导思想反对国语,主张各地方言写成方言文字。这样,各地产生了许多方言拉丁化,上海话有上海话的拉丁化。可是,上海同时推行北方话的拉丁化,叫做"北拉"。"北拉"不是严格的国语,但跟国语非常接近。

上海解放后又恢复了拉丁化新文字运动,创办有《新文字》周刊和月刊,主持人是倪海曙。周先生业余参加倪海曙主持的上海新文字研究会。他常常写些有关文章在刊物上发表。因为刊物很小,写的文章很短,但有几篇文章还是引起人们的关注,受到好评。比如,针对各地拉丁化的方案很不一致,一个字母在各地用法很不一样,甚至相互矛盾,周先生写了篇文章倡导各地可以有各地的拉丁化方案,但是这些方案应该有一个共同的基础。他在文章中把几种拉丁化方案做了比较,提出怎样使它们共同化。后来周先生把一些关于拉丁化、拼音文字研究的文章结合起来,写成《中国拼音文字研究》一书,由陈望道作序。

在一九五二年略早,倪海曙告诉周有光,毛主席到苏联曾问斯大林:中国的文字改革应该怎么办?斯大林说:中国是一个大国,可以有自己的字母。毛主席回到北京,指示中国文字改革研究会研究制订民族形式(汉字笔画式)的拼音方案。这样,上海新文字研究会停止推动北方话拉丁化新文字,等待新方案的产生。倪海曙创办《语文知识》月刊,登载一些文字改革的研究文章,协助北京的设计工作。为了给中国文字研究拼音方案做参考,周有光在《语文知识》上陆续发表各国、各民族不同文字的类型。后来,汇编成一本小书——《字母的故事》,出版后引起了很多人的兴趣。

周先生强调说,一种文字成为民族形式,需要长时间的实际应用,经过约定俗成方能成为公认的民族形式。创造字母不难,大家都同意非常难。新创字母很难得到公认是民族形式,国际形式用久了就成为民族形式了。例如,英文字母间接来自罗马,借用几百年后,英国人就认为这是英国的民族形式了。当时,周先生研究这个问题,是分门别类比较优点和缺点,得到的结论还是拉丁字母最好。因为拉丁字母从技术角度看,优点很多;从社会角度看,它的社会性、流通性最强大。中国制订拉丁方案之前,苏联已经悄悄废除了列宁时代伊斯兰教民族在拉丁化运动中采用的拉丁字母,而通通改为斯拉夫字母。苏联瓦解后,上述民族又纷纷掀起拉丁化运动。蒙古文也是如此,先是在一九四四年改为斯拉夫字母,又在二〇〇六年改用拉丁字母。周有光先生说:"回头想想,中国的拉丁化运动没有追随苏联是正确的。"

一九五四年年底,中国文字改革研究会改组为中国文字改革委员会(简称"文改会"),直属国务院。"文改会"主任由中央委员吴玉章兼任,副主任是胡愈之。一九五五年二月,"文改会"内部设立拼音方案委员会:主任由"文改会"主任兼任;委员:韦悫、丁西林、林汉达、罗常培、陆志韦、黎锦熙、王力、倪海曙、叶籁士、周有光、胡乔木、吕叔湘、魏建功。一九五五年六月,拼音方案委员会分为甲、乙两个小组。甲组拟订汉字笔画式(民族形式)方案;乙组拟订国际通用字母(拉丁字母)

拼音方案。

一九五五年秋，周有光先生应邀出席在北京召开的第一次"全国文字改革会议"。大会于十月十五日开幕。会上，"文改会"秘书长叶籁士发言说："从一九五二年到一九五四年这个时期，中国文字改革研究会主要进行汉字笔画式拼音方案的研究工作。经过了三年的摸索，曾经拟订几种草案，都放在《汉语拼音方案草稿初稿》（汉字笔画式）里头。"与会代表看到这份征求意见的材料，共有六种方案草稿。其中有四种民族形式，一种拉丁字母形式，一种斯拉夫字母形式。但是，会议代表对这些草稿没有进行讨论。

会议结束后，"文改会"希望周有光留下，不要回去。周先生对于改行到北京做语言文字工作，一点思想准备没有。不过，五十年代中期中国正处于热火朝天建设社会主义的高潮中，中央宣传建设新中国需要许多新工作，哪里需要就到哪里去。他在这样的号召之下，很快就想通了。周先生留在"文改会"第一研究室做主任，这个研究室是研究拼音化的。

全国文字改革会议之后，吴（玉章）老向毛主席报告，民族形式方案搞了三年，难以得到大家满意的设计，不如采用拉丁字母。毛主席同意，并在中央开会通过。此后，拼音方案委员会只研究拟订拉丁字母方案。重新制订罗马字的《汉语拼音方案》的成员，主要来自原来参加注音字母的人、参加国语罗马字的人、参加拉丁化新文字的人。研究起草方案时，多次对字母形式、音节拼写方式、语音标准等一系列问题进行热烈的争论。"文改会"指定叶籁士、陆志韦、周有光三人在大家存有诸多争论的前提下起草一个初稿，作为开会讨论的基础。

负责起草初稿的三人中，叶籁士是"文改会"秘书长，有一大摊子的行政工作要做。陆志韦不但语言研究所有研究任务，还兼有北京大学的教学任务。好在周有光刚从上海经济界改行来北京，没有任何杂务干扰，只专注拼音字母的研究。周先生说，制订中国的拼音方案要了解、借鉴世界各国的成果。无疑研究者所掌握的资料不但要广泛，而且讯息要快捷。周先生外语好，国外朋友多，查找资料比较容易。三个人夜以继日拟成一个《汉语拼音文字方案初稿》。初稿的主要特点是：完全用现代的拉丁字母；用几个双字母，但是尽量少用；标调用注音字母的调号，调号之外没有其他附加符号；"基、欺、希"由"哥、克、喝"（g、k、h）变读。

拼音方案委员会开会讨论"初稿"时，除个人意见外，还听取各个重要部门的意见。为了顺应语言研究所提出的严格"一音一母"原则，把初稿中六个双字母改为六个新字母（无点 i；带尾 z、c、s；长脚 n；俄文"基"）。"初稿"经过修改后，成为《汉语拼音方案草稿》。删除"文字"二字，在拼音委员会中没有引起争论。因为委员们都了解叫它"文字"，它也不能代替汉字；不叫它"文字"，它也有文字的性质。这个《汉语拼音方案草稿》，"文改会"于一九五六年二月十二日发表，公开征求意见。

群众提出的意见来路广、创意多，反应的热烈程度无以复加。其中多数人不同意用新字母。国内外群众来信四千三百多件，无法归纳成为一个草案。无奈，概括成为两个草案，作为两种"修正式"。一九五六年八月，"修正式"由"文改会"发表，再次公开征求意见。

"两式"的分歧关键在"基、欺、希"的写法。周先生说："经过多次研究、推敲，我们提出打破习惯，采用三个专用字母'j、q、x'（基、欺、希)。"

拼音方案的制订是在十分慎重中进行的。一九五六年十月，国务院成立高级"汉语拼音方案审订委员会"，在听取"文改会"拼音方案委员会的报告之后，决定采用"j、q、x"代表"基、欺、希"，解决了"两式"的相峙。这个统一的草案叫做"修正草案"，一九五七年十二月十一日由国务院公布，让群众先知道，并提请全国人民代表大会讨论和批准。一九五八年十二月十一日得到全国人民代表大会通过。经过三年的谨慎工作，《汉语拼音方案》终于诞生。"方案"中的声母和韵母，一半相当于国语罗马字，一半相当于拉丁化新文字，标调符号取自注音字母，构成一个"三合一"的混凝体。

《汉语拼音方案》公布后，得到国内外的广泛赞成和祝贺，认为这是清末以来中国人自己创造汉语字母的最佳成果。但也有不同意见。例如：有人说，中国有五千年文明史，为什么几个字母不能创造自己的民族形式而要借用英文字母？有人说，拼音不能区分同音异形的汉字，应当仿照汉字把"清、蜻、鲭"等分别书写清楚。有人说，中国方言各地不同，用了拼音以后，中国就会像欧洲那样分裂为几十个国家！

周恩来总理在一九五八年一月十日《当前文字改革的任务》报告中申明："《汉语拼音方案》是用来为汉字注音和推广普通话的，它并不是用来代替汉字的拼音文字。"又说："我们采用了拉丁字母，经过我们的调整，使它适应了汉语的需要之后，它已经成为我们自己的汉语拼音字母，已经不再是古拉丁的字母，更不是任何一个外国的字母了。字母是拼写语音的工具，我们用它来为我们服务，正像我们采用火车、轮船、汽车、飞机来为我们服务一样，正如我们采用阿拉伯数字来计算，采用公历来纪年,采用公里来表示距离,采用公斤来表示重量一样。"

周有光先生说,《汉语拼音方案》不是没有缺点的,但是改掉一个缺点往往会产生另外一个缺点。缺点和优点是共生的,只能两利相权取其重,两弊相权取其轻。中国从三千五百年前的甲骨文到近代,汉字数量积累到六万个以上,而书写现代汉语通用七千个汉字。长期以来一直缺少一套本民族的表音符号。直至一九一八年公布"注音字母",才第一次有了表音符号。"注音字母"公布十年后,一九二八年又公布"国语罗马字",正式开始了中国人自己推动的罗马化。一九五八年制订《汉语拼音方案》以后,只用二十六个字母就可以为成千上万的汉字注音。从七千到二十六,多么巨大的变化!

周先生说,有人开玩笑说我们太笨,"几个字母搞了三年!"何止三年,"国际标准化组织"(ISO)审查和通过《汉语拼音方案》作为拼写汉语的国际标准,又经过三年。在"国际标准化组织"做出这个决定之前,有一个前奏曲。一九七二年他由宁夏平罗"五七干校"回到北京后,收到匈牙利拉多先生(一九七二年十一月二十六日)来信。大意说:地名标准化会议讨论了中国地名罗马字母拼写法的标准问题,有人主张以威妥玛式为标准;拉多先生在会议上提出,中国已经有法定的《汉语拼音方案》,中国地名问题不能背着中华人民共和国而做出决定。

一九七五年,中国代表首次出席地名标准化会议在纽约举行的专家组会议(起初这些组织都是台湾方面参加),提出中国地名应当以《汉语拼音方案》为拼写标准。一九七七年,地名标准化会议在雅典会议通过采用《汉语拼音方案》作为拼写汉语地名的国际标准。

"国际标准化组织"(ISO)是规模仅次于"联合国"(UN)的国际

周有光和重孙玩打字机。1988年春,日本夏普公司送周先生一台电脑,名叫"夏普中西文电子打字机"。周先生成为中国文人最早换笔的一代。七年之后,换"光明夏普文字处理机",这台"夏普"加上了繁体字,使用至今组织。当中有一个部门，叫 TC46（TC 就是技术委员会），它的研究范围包括语言文字。"国际标准化组织"在"联合国教科文组织"的合作下，讨论汉语的罗马字拼写法标准问题已经多年了，但因为中国尚未参加该组织而迟迟未能做出决定。

一九七九年四月，"国际标准化组织"在波兰华沙举行"第46（文献工作标准化）技术委员会（ISO/TC46）会议"。周有光等人第一次代表中国参加会议。会上，中国代表提议采用《汉语拼音方案》作为拼写汉语的国际标准。周先生在这次会议上的发言《汉语的罗马字母拼写法：历史发展和汉语拼音方案》，由教科文组织的英文杂志《信息科学、图书馆学和档案管理》发表（一九七九年第三期）。

一九八一年"第46技术委员会"在中国南京举行会议，审议"草案"最后文本。后送请"国际标准化组织"同意，然后用通信方式请各会员国书面投票。一九八二年会员国投票通过。于是，《汉语拼音方案》成为罗马字母拼写汉语的国际标准，编号为"ISO—7098"。

周先生说："花这么长的时间来仔细设计这套方案，不是无益的。如果当年留下一点马虎，今天会后悔无穷。"五十年来，汉语拼音的应用不断扩大，速度惊人。原来主要应用于教育领域，现在显著地应用于商业领域；五十年代主要是小学的识字工具、扫除文盲的帮手，现在广泛地发展为信息传输的媒介。

当今社会，各行各业离不开电脑，几乎每个人口袋里都有手机。在电脑上面输入拼音，就能转换成汉字；手机除了通话也能像电脑一样发送短信、写文章。有人对周先生说，如果使用电脑和手机的人，每人每天给您一分钱，您就是大财主了。周先生笑笑说："我要那么多钱干啥！"

新闻报道我国将在世界各国开设几百所孔子学院，在国外传播华语、华文。孔子学院采用汉语拼音作为注音工具，人们开玩笑说："孔子将周游列国宣教拼音。"

周先生多次谈到孔子。谈孔子的"敬神如神在"，是伟大的无神论者；谈美国加利福尼亚大学把孔子的"有教无类"刻石立碑于校园；谈孔子的大同论。

他说：孔子了不起，两千五百年前提出大同论，把历史演进分为"大同与小康"。孔子希望从小康回归大同，但是他不得不承认"禹、汤、文、武、成王、周公"实行的都是小康。

周先生说：大同是理想，小康是现实。中国今天建设小康，志在大同。

八、下放"干校"的前前后后

周有光先生说文化大革命,他被所在单位中国文字改革委员会的造反派打成"黑帮",关进牛棚,罪名是反动学术权威。"文改会"的批斗会,起初只对"走资派"拳打脚踢。后来,情况变了。一次批斗会,倪海曙作为陪斗被拉上台。照理,陪斗的人不声不响在上面站两三个钟点就下来了。可是,那次造反派有问题要问倪海曙。讯问过程中,双方顶了牛。倪海曙的脾气上来,他把戴在头上的一顶法式帽子往地上一摔,很生气。这一摔就激怒了造反派,他们一拥而上将倪海曙打倒在地。这样便开了戒,打完倪海曙,就叫下一个。那个人的罪名是"坏分子",上去,不由分说就打。再叫一个人,又打。"黑帮"一个一个上去,最后叫到周有光。

周先生说:"我就准备挨打了。上去后,没打。造反派头头说:'今天的会开到这里,你们这些混账王八蛋，滚回去！'我们就滚回去了。"当我听到这最后几个字，周身倏地闪过一种异样的感觉。那感觉是想笑，还是想哭？是滑稽，还是悲哀？心里的滋味一时说不清。然而，坐在对面的老人像往常一样平静、斯文，宛如在讲述别人的、遥远的故事。

周先生说，斗争越来越猛烈，几近白热化的时候，上面忽然派军代表领导"文改会"的运动。"文改会"的军代表，看上去人很好，文质彬彬，很懂道理。开大会他对"黑帮"训斥一顿后，宣布：晚间可以回家住，白天继续到牛棚学习、反省、交代罪行。周先生说，能回家吃住，自然高兴。可是，没过多久，突然说他有重大反革命问题没有交代。此事一出，周先生惊骇，不知道自己做了什么反革命的事。他一次又一次坦白、交代，总过不了关。

有一次专政队的人问他和倪海曙讲了什么。他想，平时和倪海曙讲的话多了，没有反动的呀。两三个月过去了，他回家与老伴张允和说："实在想不出还有什么没有交代的。"张允和就说："你好好想想，平时跟人讲话有没有讲过不合适的话？"张允和一句"不合适"的提醒，他突然想起，有一年他和倪海曙闲聊，聊着聊着，不知怎么聊起对对子，聊起世界伟人。倪海曙出"伊凡彼得斯大林"的上联，周有光脱口对"秦皇汉武毛泽东"的下联。谈笑之后，丢到九霄云外，从没想过是对，还是错。

此时他想，这算不算臧否伟人？是不是反革命呢？第二天，带着满腹狐疑早早到牛棚写好交代材料，送上去。管事的人看了说："就是要你的这个'秦皇汉武毛泽东'。倪海曙已经承认上联，你不交代下联，行吗？你们这是反革命语言，是反对伟大领袖，你们两个是现行反革命。"从此，大字报上周有光、倪海曙的名字旁边又增加"现行反革命分子"

字样。成为"现行反革命"后，周有光几次向革命群众揭露、批判自己的坏思想、坏行动、坏的社会关系、坏的历史。讲完了，台下群众仍然说："不满意！不满意！"军代表说群众不满意，回去好好再想、再深入检讨。直到下放"五七干校"，那顶"现行反革命"的帽子也没个明确结论。

一九六九年，北京各机关单位的职工下放农村。"文改会"是国务院直属单位，国务院"五七干校"在宁夏回族自治区的平罗。平罗原来叫平虏，在贺兰山东侧的缺口处。南北走向的贺兰山像天然屏障，挡住西面腾格里沙漠的风沙。古代，这个缺口是游牧少数民族和汉民族厮杀的战场。汉人打胜仗，名曰"平虏"。"平虏"的意思不好，后改为"平罗"。

周先生记得，他们离开北京是深秋季节。事先，有平板车把各家的行李搬运到火车站。傍晚快吃饭的时候，"五七战士"们集合步行去火车站。一路上没有人说话，不仅"黑帮"不说话，所有的人，包括造反派，就这样默默地、一声不响地走进火车站，走上车厢。车厢里一律是硬板座，旅客全是下放的人。坐在车上，仍然没有人说话。火车开到哪里，沿途经过哪些地方，没有人关心这些细枝末节，一切听任安排。

周先生已经记不清在火车上过了两夜，还是更久。只记得是凌晨到达目的地。一眼望去，白哈哈的一片。是什么？是霜。四周没有人烟，没有草，没有树，没有一点点绿色。

下了火车，已经有大车等在那里。大家把行李搬到车上，然后，跟在骡子拉的大车后面慢慢地走，走向他们要去的地方。前行的队伍仍然没有人说话，人的心情似乎和周遭一样死寂。大概走了二十多里路，看见矮矮的围墙，接站的人告诉他们马上到了。

围墙里面是一排排的房子，墙是泥砌的，屋顶也是泥土造的。屋顶有一点斜坡，因为当地很少下雨，坡度很小。房间不大，一铺大炕可以睡六个人。屋子里取暖的炉子也是泥巴造的。炉子修造得很好，烧起来暖呼呼的。

出乎大家预料，竟然有电灯。本来这里不通电，筹建干校之初，国务院派人把青铜峡水力发电厂的电引过来，这是周恩来总理为"五七战士"做的好事情之一。周先生说他们运气好，不但有电，干校还打出一口甜水井。宁夏这地方能凿出一口供人饮用的水井很困难，打出的井多半是苦水，有的连浇地都不行。

国务院宁夏"五七干校"共计五千多人，周先生他们这个围墙里住了两千多人，叫"二站"。另外两千多人住在十多里地之外的又一个围墙里，叫"一站"。平罗地区有许多"站"。这个"站"原来是劳改监狱，"五七干校"选择的这两个"站"是条件最好的。改建为"五七干校"之前，把原来住在"一站"、"二站"里的劳改犯搬到其他"站"了。"五七战士"安顿下来后，第一件事情是举手向党、向毛主席宣誓：在这里扎根一辈子。

"文改会"研究员杜××，他从小向往革命。北京大学没毕业他就投奔革命，几次被国民党逮捕。解放后，他成了脱党分子，但他的一切行动都按党员标准去做。"文革"中他的罪名是"老叛徒"。杜××在学习会上发言说：我从小向往共产主义，今天真正看到共产主义了。平罗"五七干校"就是我向往的地方，我一生一世不回去。

听了他的话，大家惊诧，是真话，还是假话？他讲了这话，会不会受到处罚？周先生说，很奇怪，他没有受处罚。另一位独身女同志，她对革命事业一直热心，积极申请入党，但没有被党吸收。大家宣誓她不宣誓，说：死了也不把骨头撂在西大滩（干校住处地名叫西大滩）。她毫无掩饰的表态，遭来批斗。不过，这里的斗争会跟在北京不一样：虽然气氛紧张，但是没有人动手，也没有恶言相骂。

周先生说经过学习、表态，大家明白，不仅所谓的"黑帮"要待在这里，就是那些革命群众，乃至造反派们都要一生一世生活在西大滩。这里，是他们共同的归宿。

这个冬天，他们除了学习，也搞基础建设。他们铺设管道，把围墙外面那口井的甜水引进来；修建一座大洗澡房。周先生说："的确是优待我们，有煤、有电、有水，水还很好。"平罗有三个煤矿，其中一个矿就有两万多矿工。煤的质量非常好，筛选出的精品煤销往日本。当地人买煤很便宜，干校自己出车，拉一车混有煤矸石的煤，只要五角钱。

按照上面要求，下放干部还要与当地农民同吃、同住、同劳动，接受改造。第一批，选派二十几名政治可靠的干部去农民家。差不多一个月后，他们回来。从此，再不派干部下去了。周先生他们慢慢知道，当地农民太苦，吃的口粮主要靠政府配给的面粉。当地人只吃白水煮面条加点盐，没有酱油、没有蔬菜。后来，干校种的圆白菜丰收了，送给农民。他们问怎么吃？多数人不懂得吃菜。从前，西大滩盛产滩羊，滩羊皮是上好皮毛，很值钱。后来走社会主义道路，割资本主义尾巴，牧民不能随便养羊。

周先生说，平罗的春天是随青铜峡开闸放水才到来的。青铜峡每年"十一"关闸断水。水没了，草枯了，水沟旁边的树变成树干干。一瞬间都死掉了，没有一点光明，没有一点希望。"五一"过后开闸放水，水流到小河里、流到小沟里，眼前豁然开朗。原来看不见的树看见了，青草也钻出地面。塞外变江南，人们的心情也像从地狱回到天堂。

平罗地区因为缺水,本地不让种水稻,"五七干校"是例外。周先生说:"有生以来第一次赤着脚踩在泥水里插秧,虽然插的不好,也很慢,但是能坚持。"因为冬天特别冷,这里的水田没有蚂蟥,其他传染病也很少。周先生说在水田里干活,最困难的是挑秧。秧苗,湿漉漉的很重。田埂只有五寸宽,甚至不足五寸,上面全是水。赤脚踩在湿滑的田埂上,走快了踩不稳,要跌下去。跌下去不但满身泥浆,而且要被骂。走得太慢也不行,太慢,脚就粘住了。要掌握好速度,还要维持身体平衡。

四十年后谈起往事,周先生说:"我那时已经六十五岁,还能挑秧走那又滑又烂的小田埂,不让自己倒下去,至今都觉得满意。"

插完秧,周先生被派去捡骆驼粪和野驴粪。荒郊野岭风沙更大,一阵风来了,人像一根茅草,想站也站不住,要马上蹲下,沙粒打在脸上很疼。没有水沟的地方长不起来树,只有丛草。一丛一丛的叫芨芨草,大的有筷子粗,一两丈长;瘦小的和牙签一般细。当地人拿这粗的、长的造屋顶,编帘子、席子;细的、短的,当柴火烧。周先生捡几根细的芨芨草带回来,把包在草外边的一层衣皮剥掉,露出象牙一样洁白而润滑的芯子。他用剪刀先平剪截断,再斜着剪。这一平一斜两剪刀,就做成一个精美牙签。周先生说:"芨芨草做出的牙签不像竹子的偶尔有刺,会刺痛嘴;也不像木头的,到嘴里容易变软。"

业余做牙签,成为那段日子的一大乐趣。自己做,自己用,也送给朋友。他至今还认为,当地可以建一个芨芨草牙签厂。

周先生说夏天在田间干活,不是劳动苦,最难受的是蚊虫叮咬。平罗的蚊子不是生在水里,而是生在草里。不是天黑出来,而是白天出来。上午十点一过,蚊子就多起来。多到你在空中一抓一大把,往腿上一拍,满手掌都是。过了晌午，天稍稍晚一点，蚊子没有过去，一种很小很小的小虫子，当地叫"小咬"的，就随着风像雾一样地来了。周先生有"小咬如雾蚊如烟"的诗句。

出工的时候，每个人都把腿、脚包裹起来。头上戴顶乡下人那种大沿草帽，并且用朱罗纱盖得严严实实的。怎么热，也不能有缝。有缝，蚊子、小咬会钻进来。宁夏的昼夜温差大，太阳一下山马上凉快。下工回到住处，没有蚊子也没有小咬。周先生说擦擦洗洗，还是挺舒服的。中午和夜晚好比两个季节、两个世界。

快到秋收的时候，周先生和七十一岁的林汉达老先生去十几里外的土岗子上看高粱地。林汉达是教育革命家、文字改革研究者。上世纪五十年代曾任教育部副部长，一九五八年被打成"右派"调到"文改会"搞研究工作。他一生做了许多工作，编写历史故事，提倡成语通俗化，向传统教育挑战。他认为"语文现代化是教育现代化的必要条件，语文现代化的首要工作是文体口语化"。

周先生说，看高粱地是有规矩的：不许坐下来；不许站立不动，要走来走去；不许聊天，要一人在东，一人在西。他们所在的土岗子地势较高，四下望去清清楚楚。周围没有人家、没有人影儿，没有人来偷庄稼，也没有人来看守他们这两个"看秋"的老头儿。一连三天，他们规规矩矩。第四天，他们不规矩了。走一走就停下了，不仅停下来，还坐下聊天了。聊着聊着，两人竟放大胆子躺下了。周有光说林先生知识渊博，脑筋好，肚子里面有趣的故事特别多。

只见林先生仰望长空，喃喃自语："揠苗助长"要改成"拔苗助长"，"揠"字大众不认得；"惩前毖后"不好办，如果改说"以前错了，以后小心"，就不是四言成语了。

停了一会儿，他问周先生："未亡人"、"遗孀"、"寡妇"，哪一种说法好？

周先生开玩笑地回答：大人物的寡妇叫遗孀，小人物的遗孀叫寡妇。

忽然，林先生笑了起来，他想起一个故事。解放初期他问扫盲班的学员：什么叫遗孀？一名学员说：是一种雪花膏，像白玉霜、蝶霜什么的。林先生追问：这个"孀"为什么有女字旁？学员说：女人用的东西嘛！

林先生对周先生补充说：普通词典里都没有"遗孀"这个词儿，查了几种都没有，可是报纸上偏要用它。

谈得起劲，他们坐了起来，声音也越来越大，像对着上万棵高粱讲演。二人都同意语文大众化必须通俗化、口语化、规范化。通俗化是叫人容易看懂。周先生举例说，从前有一部外国电影，译名《风流寡妇》，如果改译《风流遗孀》，观众可能要减少一半……

太阳偏西，他们往回走。周先生知道林先生是虔诚的基督徒，新中国成立前他反对国民党，同情革命。他就问林先生：你怎么变成右派的呢？林先生说："变右派很容易。你看我的这条腿是左腿吧，向后转就变成右腿了嘛！所以，那个时候我一向后转就变了右派。"周先生又问林先生：你的乐观主义是哪里来的？林先生说："我信教，也就是信自然规律。自然规律告诉我，历史总是前进的，后退只是暂时的曲折。"林先生反问周有光：你不也是乐观的吗？周先生回答说："我信自然规律，等于信教。"

周先生说，那一天，天上没有云，地上没有风，宇宙之间似乎只有他和林先生两个人。他们断断续续谈了许多有哲理的笑话。

周先生患"原发性青光眼"多年，全靠麻醉药"毛果芸香碱"滴眼睛。因为该药有剧毒，被严格控制使用，每次要凭单位介绍信去公安医院购买。周先生离开北京带去的药快用完了，老伴张允和到单位找留守北京的负责人开介绍信。

整个上午，尽管张允和好话说了两大筐，坐在外屋接待她的那位负责人就是不给开介绍信，并且说医务室和医院没有，不要用好了。张允和说："不用，眼睛瞎了不能劳动改造怎么办？"她继续软磨硬泡。时间将近正午，张允和突然说："今天，不给开信，我就不离开。你们吃饭把我锁在房里好了。"这时，周天行从里屋拿着写好的介绍信交给张允和。此后，周有光在宁夏的两年多，从未中断过用药。"毛果芸香碱"是小玻璃瓶包装的水剂，每次邮寄需要钉木箱子。开始，张允和老老实实只寄药，后来木箱子越寄越大，除了药品还有张允和自己一口也舍不得吃的糖果、营养品……

斗转星移。一九九六年一月周先生迎来九十华诞。国家语言文字工作委员会等七个团体，联手请了几桌客人为老人祝寿。周天行也手端酒杯过来给周有光夫妇敬酒。在这欢乐的酒宴上，张允和竟热泪盈眶。她拉着周天行的手说，周有光有今天，能看得见，能出去讲学，能写文章，多亏你当年开的那张介绍信。周先生对我说："人家的一点点好，我们永远不能忘。"

周先生说宁夏空旷，人烟稀少。秋天，常常有西伯利亚飞往印度洋越冬的大雁。一队雁群至少两万只。距离他们"二站"大概三十里有一个很大的芦苇塘，是大雁迁徙的中间站。有的雁群直接飞过去，有的飞到这个芦苇塘，休息几天后再起飞。"文革"时期局势紧张，常有空投特务,"五七干校"夜间要值班巡逻。据回来的巡逻队员讲,大雁的组织性、纪律性特别强,夜晚的守卫有三道防线。你一旦闯入它们的警戒线,第一道守卫先发出叫声,声音不很大,大概有十来只的样子。你再走近一点,第二道守卫也开始叫,好像有上百只。你更靠近时,就有千八百只一起鸣叫,叫声吓人。巡逻队员带有电光很强的电筒,就用电筒向它们照了看。这一照,不得了,大雁起飞了。雁群拍打翅膀的声音惊天动地,脚下的大地都在震动。巡逻队员害怕,赶快离开。

有一次,通知所有人第二天清早在"二站"广场听报告。这里的秋天,早晨很冷,但中午太阳还是很晒。周先生担心挨晒,出门时戴了顶大草帽。正在开会,一群大雁密密麻麻、铺天盖地飞来了。周先生说:"飞到我们头顶,奇怪的事情发生了。只听头雁一声怪叫,顷刻间大雁集体排泄。雁便像雨一样落到草帽上、肩膀上。幸亏那顶大草帽,落到身上的不多。可是没戴帽子的人就惨了,不仅衣服上,头发里面也全是。雁便黏糊糊弄到头发里,洗也洗不净。这样的怪事,从来没有听说过。"人雁为什么会有这样的集体行动?是惊恐,还是向这些战天斗地的"五七战士"抗议、示威,人们不得而知。

说到雁便,周先生又谈起当地人是如何方便的。一次他外出办事,顺便去厕所。这个厕所不是 步楼,而是三步,要二步爬上去,在当地要算讲究的。厕所里面很干净,地上撒了石灰。厕所里有一个小木架子,上面放一个很大的碗,碗里有清水。上厕所之前人家关照过,清水用过后把它倒掉,从下面的水缸里舀了水给碗填上,仍旧放回原处。原来,他们当地人没有手纸,是用左手刮干净,脏了的手,用水洗洗。

在平罗买不到手纸,"五七干校"用各单位带下去的福利金办了一个小造纸厂。厂子派人从上海买来小型造纸设备，利用当地麦草、麦秆做原料，生产出来的纸非常好，舍不得拿来做手纸，就供应当地做文具用纸。据说到八十年代，这个工厂还在生产。这是"五七干校"为当地百姓做的一件好事。周先生说："这个工厂我没有去看过，也没有条件为这个工厂劳动。去工厂劳动就变成工人阶级，身份就上升了。我这样坏阶级出身的人，没有资格参加这个劳动。"

周先生说春节过后，北京已经春暖花开，而平罗仍然白茫茫一片，春耕还早呢。这时（一九七一年）好像政策稍稍宽松一些，周先生第一次被允许回家探亲十天。能回家看看，当然高兴。可是，北京沙滩的家已经没有了。原来的房子大部分被人占了，仅剩下的一间也锁起来。不锁，人家要来找麻烦、冲击的。中关村儿子的家，也没了。儿子、儿媳妇虽然不是"走资派"，也不是"反动学术权威"。但，他们是中国科学院的研究人员。研究人员、知识分子，当然要下放改造，他们去了湖北干校。儿子周晓平临走将母亲和女儿安顿在他的一位导师家里，祖孙二人住导师家的客厅。周先生回北京，也只有去儿子的导师家落脚。

十天后，周先生准时返回平罗。探亲回来，他发现干校的气氛跟从前不一样了，很少人劳动，也没有人分配他去劳动。当年去干校不准随便带书，一个"五七战士"带本诗集，让人发现遭受批判。周先生带一二十不同版本的《毛主席语录》和一本《新华字典》，字典准许看。探亲回来无所事事，他就坐个小马扎在炕沿儿边上，对《新华字典》的字形进行分析。

一九七二年春天，周先生结束干校生活回到北京。领导给他们开会说：你们是一些社会渣滓，共产党讲人道给你们饭吃，要老老实实，不

1971年,从宁夏平罗"五·七干校"回家探亲。
前排右起:周有光、孙女和庆、张允和
后排右起:周晓平、诗秀

干校归来

地动天摇宇宙华，烽烟荆棘扫琼崖，
抛书投笔开荒去，煮鹤焚琴弃归家，
列车支塞遇大雪，皓首匝享遍地花，
踏破贺兰林贼灭，重请斗室敬涂鸦。

（1972年4月，宁夏返京）
2011-09-30 重抄

周有光
时年106岁

诗《干校归来》

许乱说乱动。那时，周先生每个月领三十几元的生活费。家里生活主要靠借债勉强维持。

周先生从身后小书架上，拿出一本一九八〇年吉林人民出版社出版的《汉字声旁读音便查》的书给我看。他说，说起来是个笑话。改革开放，吉林出版社编辑找周先生要书稿，准备出书。他说没有书稿，只有一些研究资料。编辑说，资料性的也可以当书出版。稿件拿走，很快付印、发行。周先生到王府井新华书店一看，三个大橱窗没什么新书，只有这本《汉字声旁读音便查》摆得到处都是。这本"五七干校"偷生出来的作品，经历十年文化大革命后，在没有任何书籍可供出版的空当，出了一次风头。

作者在《后记》里写道："这本小字汇原来是为了研究'声旁有效表音率'而整理的一份初步加工的资料（一九六五年初稿，一九七三年后修改），当初没有打算作为独立的小书来出版。经过'四人帮'之乱，丢失了许多书稿，而这一小本稿子竟偶然存在，现在又能出版，真是意想不到的收获。"

周先生对我解释说："文革"刚刚结束，不能涉及"五七干校"的背景，那是犯忌的。所以文字记载，因为某种原因常常不符合实际。

九、沙滩后街的陈年往事

□ 和嘉公主第

自从作家协会由沙滩北街2号搬到东土城路以后,很少有机会路过那里。人常常是怀旧的,二〇〇五年国庆节放假的一天晚上,我突然心血来潮骑车由北向南去沙滩一带。

不知什么时候紧邻北河沿、南河沿大街的那条皇城根小街没有了,改造成皇城根遗址公园。遗址公园很长,北起地安门东大街,南抵东长安街。公园两侧的马路平坦、笔直。北河沿大街和五四大街交汇处的"北大红楼",在街灯下凸显。原来"红楼"墙体外鳞次栉比的店铺拆光,取而代之的是充满历史积淀的文物宣传栏。经过"红楼"向西是旧时的沙滩。夜幕中,筒子河边上的角楼美轮美奂。接着是景山、故宫。绿色的灯光将稀疏的树影打在浅灰色的宫墙上,宛如风景画卷。继续前行,是微波荡漾的北海。我驻足桥上,回望:人少车稀,周遭恬谧。古城给人以端庄、大气的感受。

几天后去看周有光先生，我仍然按捺不住愉悦的心情，见面就向老人喋喋不休地讲述皇城根的变化。我知道周先生在那一带生活多年，对那里有着非同寻常的感情和记忆。

一九五六年四月，周先生举家从上海北迁至京城，落户景山东街公主第，一住就是三十年。周先生说三十年的变化太大，发生的故事也太多。

景山东街的公主第，是乾隆皇帝赐予四女和嘉公主的驸马府。八九八年（光绪二十四年）改为京师大学堂。一九〇〇年停办，一九〇二年恢复。一九一二年（民国元年）改名北京大学，设一、二、三院。

和嘉公主第位于景山公园东面，是条东西走向的街道。清朝叫马神庙，民国叫景山东街。为了和街西口另一条南北走向的景山东街相区分，也叫小景山东街。一九六五年，改称沙滩后街55号。

坐北朝南的公主第很大，一对石狮子把守三扇并列的朱红大门。进了大门是宽敞的甬道，中间有个大池塘，里面养着金鱼，种着荷花、睡莲。白天，荷花开时清香扑鼻。晚上，红色、白色的睡莲在水面时隐时现。池塘中间的大石磊，据说是老北京大学时的遗存。环绕水池周边有人行道，道边有槐树、丁香树，也有供人休息的长木椅。

虽然朝代变迁，主人更迭，时间过去二百年，但大园子里雕梁画栋的公主梳妆楼还在，京师大学堂的教学楼还在，见证"五四"运动的大礼堂还在。现今，它们是中国文字改革委员会和人民教育出版社的办公区。原公主第除了这个大园子，还有许许多多小院落，那是上述两单位的家属宿舍。周先生的新家是西边第二个院子的一栋小洋房，这栋洋房是早年北京大学为一位德籍教授建的公寓。一九五〇年代已破旧，周先

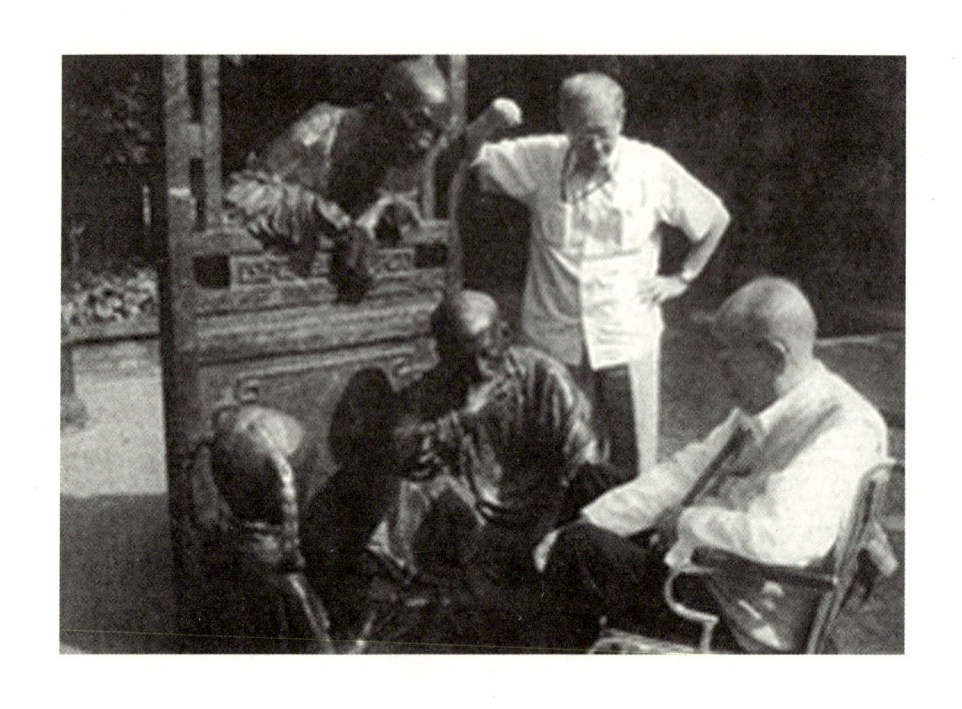

周有光、周晓平父子故地重访
北京皇城根遗址公园（2006年
10月3日）

生搬家之前"文改会"房管部门将其修缮一新。中间隔开分给周先生和叶籁士两家。周先生住东边四间，房前屋后有花、有草、有树，家居环境很好。

当初，胡愈之和周有光谈调动工作，他不大愿意。首先，他觉得语言文字学自己毕竟是外行。另外北京风沙大、雨水少，除了夏天一个月雨季，平时很少下雨。春风一刮，到处脏兮兮的。但是，搬到景山东街公主第，发现并不像想象的那么糟糕。居住的大院很美，很干净，周围环境也好。走出大院西口就是景山公园，对面是故宫，紧接着是北海公园。去北京图书馆也方便。

抵京不久，他们夫妇参与俞平伯先生倡导成立的"北京昆曲研习社"的筹建工作。在昆曲研习社他们结交了许多北京昆曲界朋友，曲友们在一起研究传习中华传统文化的瑰宝。周先生说："一九五七年大规模针对知识分子的'反右'运动，我是在劫不在数。"没有政治运动的干扰，周先生毫无他顾地沉浸在《汉语拼音方案》的研究中。但随着打麻雀，大炼钢铁，人民公社化……一波强过一波的全民运动，将安宁、和谐的生活一点点打乱，公主第也随之变化。

一九五六年周先生刚搬进时，右边大门洞是间个体经营的小理发店。院内职工、家属，以及附近的老百姓都在此理发。很便宜，也很方便。左边门洞有个修鞋摊，修鞋师傅很厚道，童叟无欺。后来，门前的石狮子被起重机搬走，大门卸了，门洞拆了，换成铁栅栏门。

院内也在变化。园子中间的荷花池塘被填平，成为新迁入的士兵操场；一些老建筑拆了，盖成高的办公大楼。机构扩大，人员增加，搬来的家属也越来越多，一个公主第住了一百多户人家。为了解决住房困难，

1957年11月2日,周恩来、陈叔通、张奚若、叶圣陶等观看北京昆曲研习社演出。小演员许宜春演出后到台下好婆(周有光母亲,前右戴帽子的老者)那里,好婆正坐在周总理的前面。周总理和许宜春握手,并问她"几岁?""小学几年级?""哪里人?"……

1989年,为著名学者俞平伯九十华诞祝寿

人们见缝插针，私搭乱建比比皆是。

"备战"年代，居民委员会干部带领居民在院子里挖防空洞。周先生说他家房前空地上的防空洞很深，里面有自来水，拉上电线，安装电话。据说一旦打仗，人在里面可以维持两个月，原子弹也不怕。但是，是否真的那么牢固，谁也没下去体验过。洞顶堆积的土包，成为大家晾晒衣物的场地。大院里原有三位老花匠，负责修剪花草树木。后来，花匠被辞退，花草树木慢慢枯萎、死去。代替花草树木的是高低不平、破烂不堪的小棚子。昔日公主第变成贫民窟。

□ 打麻雀、大炼钢铁

一九五五年，毛泽东在组织起草《农业发展纲要》即《农业十七条》时，将麻雀与老鼠、苍蝇、蚊子一起列为必须除的"四害"。一九五六年初，经"政治局"讨论，国务院正式通过草案。此后，《人民日报》等不断报道各地打麻雀的战果。在这种形势下，许多有担当的科学家顶着压力坦陈麻雀不是害虫，不应消灭。并告诫，麻雀减少或绝迹将破坏生物链平衡，后果堪忧。但是，昏了头的人们不管不顾，依然贯彻实施消灭麻雀的"国策"。在毛泽东几次号召下,到一九五八年初消灭麻雀达到顶峰。从三月起，全国各地陆续成立由地方主要领导担任总指挥的"围剿麻雀总指挥部"。

周有光先生说："在我的生活中有两个小生灵印象深刻，时常想到它们。住沙滩后街，我们把朝向院子的一间屋子做客厅兼书房。窗前有棵大树，常常有乌鸦、麻雀飞来。当中有只小青鸟，小小的，窄窄的，像片柳树叶子，俗名'柳穿儿'。长得不漂亮，但会唱，声音很动听。它偶尔趁没人的时候飞落在我书房外窗台上。我把小米碟子放在窗外，再关上窗户躲开。它看见我走了，就过来吃。它经常来找我，和我亲近，但又防备我，与我保持一段距离。它和我友好，但又害怕。我们达成默契，从一九五六年到一九五八年交往三年。全民打麻雀，大鸟没了，小青鸟也没了。不知道它是被打死，还是饿死。"

周先生久久不能忘怀的另一个小生命，是只小蟋蟀。一九八五年，他们从沙滩后街搬到后拐棒胡同。一天夜里，周先生起来喝水，看见一只蟋蟀跑到暖水瓶下面托盘里喝水。它不大怕人，见人来并不落荒而逃，而是优雅地离开。周先生说："很少听见它的叫声，但常常看见它出来。最后一次见它，已经缺了一条腿。我一直想写篇《高楼里的蟋蟀》，跟小动物相处很开心的。"

一九五八年上半年，除"四害"成绩显著，麻雀消灭殆尽。是年八月的"北戴河会议"上，又通过了《中共中央政治局扩大会议号召全党全国为生产1070万吨钢而奋斗》的决议。

毛泽东一声令下，由（党的）书记挂帅，各行各业"停车让路"，在全国范围掀起轰轰烈烈的"大炼钢铁运动"。中南海里也建起几个土高炉。据说毛主席去视察中南海的小高炉，看了同志们生产的产品，虽然没说什么，但满意和兴奋之情挂在眉宇间，并和机要室干部在炉前合影留念。

"文改会"也和其他单位一样，成立炼钢指挥部，停止所有工作，全部投入大炼钢铁的洪流中。人们的积极性很高，把家里的铁窗、铁锅、铁铲,凡是沾"铁"的东西纷纷拿去炼钢。"文改会"办公楼前有大黑板,每天公布参加炼钢人员的名单。缺席的批评,劳动好的表扬。周先生说:"我去,张允和也去。他们特别表扬张允和,因为张允和是家属。"

虽然,大家的热情很高,但炼钢毕竟不同于当年延安开荒、纺线的大生产运动。炼钢不但涉及物理、化学知识,还要掌握生产技能。"文革"结束,中小学生复课。《自然常识》课上,老师问小学生:厨房里能不能炼钢?学生说:厨房里的火不能达到炼钢的高温。

周先生说,当时他因事从北京坐夜车经天津去上海,沿途看见一个又一个炼钢的土高炉,炉火烧得很亮。附近的树被砍、被烧。几年后,再路过这里,高炉废弃,铁路两边光秃秃的。一堆堆铁疙瘩扔在那里,派不上用场。

□ 人民公社化

一九五三年,毛泽东提出过渡时期总路线,其内容是"一化,三改造"。"一化"是实现国家工业化;"三改造"是对个体农业、手工业和资本主义工商业实行社会主义改造。在农村为了消灭资本主义,消灭小生产,使生产资料公有制——农民组织互助组,参加初级社、高级社,一步步进入人民公社。

周先生说,农民像军队一样被组织起来。清晨听村头树上的钟声排队上工,晚上排队回来。不单劳动集体化,吃饭也集体化,农村办公共食堂。但农民是保守的,农民不愿意集体化。他们舍不得"土改"才分到手的一块土地再交出去。他们更反对"不管男女老少都必须去食堂吃饭，不准家里烟囱冒烟"。天气晴暖还好，阴冷天就麻烦了。不光吃饭，取暖也是大问题。起初，食堂里馒头、窝头随便吃。很快没有了，只有稀饭。稀饭没有了，只吃菜糊糊。最后，连菜糊糊也吃不上了。有些地方干部看公社食堂农民吃不饱饭，支持或同意解散食堂的，都挨整了。当时，从上至下整个论调是"办不办食堂，是占不占领农村社会主义阵地的问题"。

由于人民公社化，农业收成不好，吃饭、穿衣越来越紧张。陈毅副总理给政协委员作报告说："现在是三个人的饭，五个人吃。希望大家克服困难。"居民的粮食定量不断减少，随之，其他农副产品也奇缺。每人每月三两油，二两糖，半斤肉。最紧张的一年，每人只发二尺八寸布票。生活所需都是凭本、凭票供应。一九六二年，北京有一百零二种商品凭票、证供应。周先生是政协委员，享受"特供"。他每月"到朝内菜市场，从后门上楼，凭特供本买一定量的肉、鸡蛋、白糖等，还有香烟。这个不得了，市面上香烟最紧张。我不抽烟，但我的朋友倪海曙抽烟很厉害。他只要有烟抽，宁可不吃饭。我每次买烟回来，赶快送给他，救他的烟荒"。

全国政协有个俱乐部，政协委员可以去里面食堂就餐。不用粮票，但价钱很贵。一客西菜八块钱，相当于北京大学学生一个月的伙食费。"我和张允和饭量本来很小，但一人一客西菜仍然吃不饱。那肉片实在薄，人家开玩笑叫它'风吹片'，风一吹就要吹跑了。去俱乐部吃饭，有时碰见大学问家溥雪斋。末代皇帝溥仪也带他的新夫人去。不单我们挨饿，皇上也吃不饱。"

周先生的孙女庆庆一九五九年出生，恰好赶上困难时期。为了小孙女吃饱，奶奶四处求助。弟媳妇吉兰是外侨，有"特供"牛奶，每天分给庆庆一半；四妹充和在美国，但中美没有邦交，不能邮寄包裹，四妹通过朋友从第三国转寄奶粉。爷爷说，庆庆幸运，从小没饿着。

带庆庆的谢阿姨是安徽人，她的丈夫、女儿都在人民公社化时饿死了。安徽死的人最多。无为县原有一百万人，一九六〇年剩七十万。"三年自然灾害"初期，四川省的情况比安徽好。四川人花两块钱，买个安徽女孩做童养媳。很快，一贯富裕的"天府之国"也开始吃糠咽菜，人也开始浮肿、饿死。《人民日报》社一位新闻记者，奉命去甘肃了解人民公社化的情况。他看到山上许多弯腰掘树根的死人，树根没挖出就冻饿而死。情景惨不忍睹。他回到北京不敢去汇报。如实汇报，他就完了；讲假话，良心不允许。最后，他找位知心医生开张病假条，回家养病去了。

有一次，周先生和曲友许潜庵先生游长城。许先生新中国成立前是北宁铁路的总工程师，他了解北京长城周边的历史掌故。他们坐小火车去詹天佑纪念堂。小火车很慢，回来已经是夜里。俩人有点疲倦，谁也不讲话。周先生似睡非睡听身边的几个矿工聊天。听着听着，周先生和许先生睡意全消。

这几个矿工，不久前从安徽逃难到大同煤矿。一个人问另一个人："你怎么没饿死？"另一个人说："我在大食堂做饭。饭做好，留一罐藏在地洞里。半夜起来和队长偷偷吃。"

又听一个讲他们（生产）队上：一个小脚老太太顶着小雨，一手拄根棍子，一手拎着食堂打饭的饭罐。她家老头子，好几天起不来炕了。

张允和与孙女庆庆在沙滩后街

老太太滑倒，饭罐子撇出老远，罐子碎了，菜糊糊洒一地。她坐在泥水里，哭天喊地。

周先生说，矿工讲有人饿得实在受不了吃死孩子。虽然没有目睹，但是北京马路上"盲流"抢东西吃；老人、孩子因营养不良浮肿、病倒却大有人在。

他说："我和三个同事去北京东面的通县办事，中午到一个小饭店吃饭。饭店师傅说，不卖米饭和炒菜，只有面条。当时不像现在，能找到一个吃饭的地方不容易。我们几个人说，吃面就吃面吧！交了钱、粮票，端来四碗面条。我们问，有酱油吗？没有，只有咸盐。

"我们刚坐下，准备吃白水煮面放点盐。不得了！来了一帮人把我们围上。干什么？等我们给他们剩一点。真可怜！我和同事讲，我们饿一顿，晚上回家吃。我们站起身，还没离开桌子，那一群人呼啦一下子抢打起来。几十年过去了，一想起那场面，还是胆战心惊。

"一九五七年'反右'运动，是反知识分子，也就是所谓的资产阶级知识分子。人民公社化，事实上是针对农民。'反右'运动知识分子遭到灭顶之灾，但知识分子毕竟是少数。中国是农业国家，农民占人口大多数，人民公社化的损失无法估计。国外资料报道，中国饿死四千五百万。究竟多少，至今官方没有公开确切数目。"

周先生说，人民公社化违背社会发展规律，失败是必然的。封建社会分三个发展阶段，每个阶段的特征是：劳役地租、实物地租、货币地租。新中国成立后，农民种田交公粮，是实物地租的方式。人民公社化，农民像军队一样组织起来劳动，是劳役地租的方式。从实物地租改为劳役地租，是历史倒退。倒退必然失败。

□ "破四旧"

"三年自然灾害"以后,农业生产逐步恢复。有报道说:青海省一九六二年底一九六三年初,多数农牧民家里有了铁锅和菜刀。正当老百姓的生活慢慢好转,刚刚喘过一口气的中国政坛,正在孕育一场更激烈的政治风暴。这便是在中国历史上极为罕见的、对社会秩序和社会生产力造成极大破坏的无产阶级文化大革命。

一九六二年九月,毛泽东在中共八届十中全会上重提阶级斗争问题,提出要进行社会主义教育运动。从一九六三年开始在农村普遍进行"四清"(清政治、清经济、清组织、清思想)运动,直至一九六六年发布"五一六"通知揭开文化大革命的序幕。

六月一日,中央广播电台向全国广播北京大学聂元梓五月二十五日贴出的大字报。标志文化大革命的战火最先在大、中学校燃起,广大师生是这场运动的排头兵。接着,中共中央和国务院宣布取消高考制度,大、中、小学校停课闹革命。各地学生纷纷成立战斗组织,"誓死保卫毛主席,誓死保卫党中央!"

周先生说,"文革"开始,主要在大、中学校里面闹。六月初,刘少奇派工作组进驻学校。七月底,毛泽东批评工作组压制民主、领导错误,撤出工作组。这一时期"文改会"虽然照常上班,但所有业务工作已经停止。没有事情做,心里不踏实。他和张允和吃了晚饭,有时去看昆曲研习社的袁(敏宣)二姐。她住北河沿大街,离沙滩后街没几步路。袁二姐出身大家，父亲袁礼尊是宣统皇帝老师。袁家祖籍常州，袁二姐生长在北京，有北方女子的爽朗性格。她不但工昆曲、善书画，英文、德文也好，是少见的才女，跟她聊天非常有趣味。袁二姐的丈夫胡仙洲，早年留学德国，是出色的矿业工程师。

不去袁二姐家，周先生就去景山公园。胡仙洲和另一位留学欧洲的高级工程师也去景山公园散步。几个"老九"，成了散步的朋友。那位工程师很有趣，穿的衣服很土，生活习惯也土。比如，在公园里休息，他从不坐椅子，而是一条腿弯在身体里面，另一条腿蹲在地上，全身只靠一段小腿支撑着，姿势很像公园里休息的仙鹤。从外表看土里土气，谈吐却不凡。他们在一起谈历史，谈世界上的奇闻逸事。

景山，是明代挖掘紫禁城四周筒子河与南海所取之土堆积而成，时称万岁山。四周筑有宫墙，四面各有一门。南为万岁门，北为北中门，东门与西门无称。一六四四年三月，李自成率大顺军抵达北京城下。十八日黄昏，攻下外城。次日拂晓，崇祯帝在万岁山东麓一棵槐树上自缢。一六五五年清顺治十二年改称景山。

胡仙洲喜欢看德文书，也喜欢看动物方面的书，他知道许多捕捉爬行动物的故事。他说，印度尼西亚大蟒特别多，蟒蛇常常吞噬农民的猪崽。农民用粗棍钉成木笼子，棍子间隔恰好是小猪放在里面跑不出来，而蟒蛇可以钻进去。夜里，蟒蛇钻进笼子，一口吞下小猪，肚子鼓鼓的，很大。吞了小猪蛇要逃走，蛇头钻出来，肚子卡在里面，出不来，回不去。农民轻易抓住困在笼子里的大蟒，肚子里的小猪死了，但照旧可以吃。后来，农民想出更好的办法。蛇喜欢吞噬鸡蛋，农民做许多木头蛋，涂上蛋液放笼子里。蛇很贪心，把所有的木头蛋吞下，爬不出来，又绞不碎肚子里的木头蛋，消化不了，死掉。

印度尼西亚不但蛇多，鳄鱼也多。鳄鱼是凶猛的食肉动物，人类常受其害。后来，人们发现鳄鱼有个习性，它从哪里上岸，一定按原路回去。人们等待鳄鱼上岸，然后在它身后的泥土里埋下刀尖朝上的钢刀。鳄鱼返回时，肚子被剖开，不等下水就死了。

周先生说："在这个无心做事，也无事可做的日子，每天晚上在景山公园跟胡仙洲以及那位看起来土里土气的高级工程师不谈政治，不谈文化大革命，只谈有趣味的事情。"他们度过一段闲云野鹤的短暂时光。

好景不长。八月一日毛泽东写信给清华附中一个叫"红卫兵"的学生小组，在信中说"我向你们表示热烈的支持"。毛泽东的支持，使红卫兵组织迅速扩展到全国。八月初，在"无产阶级革命造反有理"的精神鼓舞下，红卫兵在校内、校外开始"斗批改"、"破四旧"。在八、九两个月里，整个社会充满暴力和血腥。北京八月九日，有近十万居民被抄家后驱逐回原籍农村，占当时城市人口百分之二。

袁二姐本是见过世面的人，但她听说北京师范大学附属女子中学的学生把校长活活打死，又看见她家隔壁一个老师自杀……也茫然了。她问周有光"文化大革命是怎么回事？女学生怎么能打校长？老师为什么要自杀？"袁二姐不知道，她，他们家，以及她认识和不认识的许多人都将面临一场浩劫。

"破四旧"的浊浪翻滚。大街小巷随时有红卫兵抄家劫舍,揪斗"牛鬼蛇神"。什么是"破四旧"？"破四旧"就是销毁、没收和"封、资、修"有关的东西，包括古董文物、金银财宝、古书洋书、旧照片、旧文凭……

周先生说："抗战八年，家中值钱旧物损毁殆尽，只剩一些老照片。

有我很小的时候跟父母一起拍的合影,有张允和儿时以及她父母的照片。父母都已离世,这是他们留给后代唯一的影像和记忆。我和允和都不舍得毁掉,但不舍得不行啊!自己不破,被红卫兵发现,你的罪可就大了。"

周先生清理家中藏书。他把线装本《二十四史》、原版《大英百科全书》等卖给旧书店,剩下书店不要的卖给废品收购站。在处理所谓"四旧"中,一部《世界美术全集》让他犯了难。这部书是林汉达先生借给他看的,里面都是世界著名画作的彩色照片,是外国版本,印刷精美,非常名贵。周先生说:"自从'破四旧'开始,我们这些被点了名的'黑帮',已经不敢随便出去看朋友了。但是人要讲诚信,借来的东西一定要还。假如书在我手里破掉了,我对不住他。"林汉达先生不住"文改会"大院。一天晚上,周先生设法把这部书带出去,走很远的路还给林先生。

还书回来,周先生一块石头落了地,心里很踏实。周先生万万想不到,还书第二天,林先生儿子所在木工厂的造反派跑到林家"破四旧",一下子发现这部"黄书"。书保不住事小,害得林先生被抓去游街、跪斗。

周先生说:"事后知道林先生因这部书遭殃,我很后悔。因为我们单位造反派后来也到我家'破四旧'。他们看到不认识的洋文书一概不动,他们看的都是中文书。"

周先生的亲戚、朋友家,几乎没有谁能躲过造反派去"破四旧"。当中最厉害的,要数袁二姐家。袁二姐出身封建剥削家庭,丈夫胡仙洲新中国成立前曾在北京门头沟开煤矿。这在造反派眼里是"黑上加黑",是重点打击对象。袁二姐和弟弟两家住一个大院子,有好几进房子,是私产。造反派冲进去,把能打烂的东西打烂。值钱的,能拿走的拿走。屋里屋外东西破掉后,又怀疑他家把宝贝藏在地板下、墙壁里。干劲十足的造反派开始掘地、砸墙，把房子搞得一塌糊涂。

家毁了，胡仙洲被抓去不到一个礼拜死在专政队里。胡仙洲有糖尿病，平时在家吃饭很当心，按医生食谱吃东西。据说胡仙洲抓去被关在一个茅房里，天天审讯、批斗，病情恶化死去。周先生说，"文革"结束，他们再去看袁二姐。她住一个破烂的房间，其他房子都被造反派占了。袁二姐还是那么乐观，还是那么谈笑风生。袁二姐最后等到了给胡仙洲平反的那一天。调查表明：胡仙洲不是坏人，没有危害人民、危害社会。其中有份证明材料说，解放前他还给共产党做过好事。落实材料说胡仙洲"文革"期间因揪斗而死，是个误会。一个人就这样因"误会"结束了，没有了。

□ 清理阶级队伍

一九六七年一月五日，毛泽东贴出《炮打司令部——我的一张大字报》。大字报的矛头直指以刘少奇为代表的资产阶级司令部。斗争的大方向由"地、富、反、坏、右"，转向"走资本主义道路的当权派"。

周先生说，"文革"开始写大字报，凡是被揭批的"黑帮"与"走资派"的名字上面一定要打上红叉叉，有时也把名字颠倒过来写。比如，刘少奇的奇字，前倾九十度，变形为狗。这样写的目的，不仅表明这个反动人物被打倒，更是为了丑化和污辱他的人格。

各单位的大字报，不单在办公楼、院子里贴，也到公共场所贴。"文改会"的大字报，就贴到动物园。周先生的孙女庆庆刚上小学，但爷爷、奶奶和爸妈的名字都认识。一天，奶奶带她去动物园玩，她看到大字报"周有光"三个字打着红叉叉，很纳闷，回头问奶奶："这是不是爷爷？""爷爷是好人，怎么打红叉叉？"

当然，也不是所有人的大字报都可以到处贴。中央"文革"领导小组，有时也顾及外国人的舆论。外交部对外文化工作委员会与"文改会"在一个大楼内办公。造反派和革命群众给时任副总理兼外交部长的陈毅贴了许多大字报。但上面有规定，陈毅的大字报只能贴在院子里，不能贴到大门外。上面害怕外国人看见拍照，做反面宣传。陈毅大字报太多，墙上贴不下怎么办呢？就在院子里拉一条一条比人还高的绳子，绳与绳之间很近，只有两尺宽，大字报从上一直挂到地面，人在里面看大字报，谁也看不见谁，如同迷失在大字报的莽林里。

一九六八年冬天，在革命委员会领导下开始清理阶级队伍。各单位设置"牛棚"，把清理出来的"牛鬼蛇神"如"走资派"、"反动学术权威"、"坏分子"都圈在里面，不准回家。"文改会"的"牛棚"，是由三间旧车库改造而成。"文改会"在编职工七十余人，其中二十多人进了"牛棚"。因为吴玉章、胡愈之的人事关系不在"文改会"，排名三号人物的秘书长叶籁士成为出头鸟，是最大"走资派"。"反动学术权威"以倪海曙为首，包括林汉达、周有光等人。

周先生说，进了"牛棚"就失去了自由。早、中、晚规规矩矩排队去食堂吃饭；提前到了也不能先打饭，要等革命群众都打完才轮到这些"黑帮"。每天例行的功课是"早请示，晚汇报"。"早请示"就是清早起来给毛主席像三鞠躬，手举红宝书——《毛主席语录》，不断高呼"祝伟大领袖毛主席万寿无疆！""祝林副主席身体永远健康！""毛主席万岁,万岁,万万岁!"呈现一派宗教信众的狂热。"晚汇报"这关最厉害,人人提心吊胆,不知哪句话没说对,就会遭殃。

叶籁士挨打最多。一只眼睛被打得看不见东西,两个多月才恢复。他饭票用完了,手里没钱买饭票,也不敢问人要。周先生知道,赶快偷偷掏出五块钱给他。当时,五块钱可是大数目,人们穷得两角钱都要计算花。"文革"爆发不久,"黑帮"工资就被扣发,每个月只给二三十元钱。周先生说:"这件事总算没有人发现。否则,他要受罚,我也要受罚。你一个'黑帮'怎么能借钱给'走资派'?你们之间是什么关系?……"

"文改会"的"牛鬼蛇神",除了学习"两报一刊"和公开发行的那本《毛主席语录》外,还学习一种打字油印的大本《毛主席语录》,不是一两本,而是许多本。学习这个内部"语录"不准做笔记,学完马上交给专政队。周先生说:"学这个《毛主席语录》,使我大开眼界,知道许多毛主席没有公开的讲话。当中印象最深刻的是毛主席对知识、对知识分子的态度,使我明白为什么要'反右';为什么搞文化大革命,搞文化大革命的真正目的是什么。"

新中国成立后,从开展对知识分子忠诚老实教育、院系合并、反右派直到文化大革命,实际上是对知识分子一步一步实行"利用,限制,改造"的政策。周先生说:"'文革'爆发之前,做学术研究已经受到很大限制了。比如,我离北京图书馆很近,来北京后一直在那里借书。开始借书没有任何限制。后来,只能借你所研究专业范围内的书。有一次,我去借莎士比亚的《威尼斯商人》。图书馆(员)说,你是语言学专业,这本书是文学书,不能借。我向他解释,这本书不是普通的文学书籍,它是用基本英语写的,它和语言学有关。我是研究基本汉语的,我要参考基本英语的一些特点。费了一番口舌，他总算买我的面子，借给我。"

"文革"之初，周先生在学习班劳动无非扫院子，打扫卫生，体力消耗不算大。进了"牛棚"，情况就不一样了，劳动量越来越重。铁做的推车，实在难推。空车已经很沉，装满重物更是推也推不动。当时周先生已经六十多岁，又是十足的文弱书生，派他干重体力活，真是勉为其难。"文改会"的"牛鬼蛇神"中有个叫陈樾的中年人，心地善良，常常帮助别人。周先生说："他跟我特别好，因为许多学术问题我们一起研究。我一直感念他在'文革'中对我的照顾。他比我年轻二十来岁，我推不动那个铁车，他就帮我忙。许多重劳动他都帮助我，两人抬东西，他总是抢着抬重头。"

陈樾是越南华侨后裔，生在越南。他热爱中国，新中国成立后他偷偷离开越南来北京。胡愈之安排他到"文改会"工作。他喜欢这个新事业，努力工作。《汉字简化方案》的许多具体工作都是他牵头完成的，如"简化字总表"主要是陈樾搞的。他对学术研究认真、严谨，提出许多行之有效的意见。他还运用拼音字母搞速记，出版一本《简易速记》，很受欢迎。周先生说，陈樾是真心爱国，孩子起名都和红颜色有关。他的五个孩子分别叫：红、赫、紫、丹、绯。他向往革命，申请加入共产党，但理想一直未实现。不仅如此，他归国到"文改会"工作一直受压制，每次运动都受冲击。同志们不明白为什么，看不出他有什么问题。"文革"结束，给受冤枉的人平反，大家才知道真相。原来陈樾有个香港朋友，他们一直保持通信联系。倒霉的是这位朋友所住公寓楼里还有国民党特务住在里面。我们公安部门怀疑陈樾朋友有问题，是国民党特务。陈樾受此牵连属于"内控"人员。后来"专案组"调查清楚，他的朋友和国民党特务没有任何关系。陈樾很不幸，平白无故被怀疑多年，平反不久又病逝了。周先生说："陈樾热心，真诚，能干，还没来得及发挥他的聪明才智就早早去世，太可惜！"

□ 安于"老九"的贫困化

一九六九年初，林彪发出"一号命令"，是以"战备"的名义对城市进行又一轮清洗。在"我有两只手，不在城里吃闲饭"的宣传声中，知识青年上山下乡接受贫下中农再教育；机关、科研单位办"五七干校"，走"五七道路"；社会闲杂人员去农村落户。周有光先生随"文改会"大队人马下放宁夏平罗，儿子、儿媳妇去湖北"干校"。剩下张允和带着小孙女也不得安宁，不断有人冲击、动员下乡。无奈，张允和先生离开沙滩借住儿子周晓平的老师家里。

"林彪事件"发生后，一九七二年四月周先生结束两年多的"干校"生活回北京。回来后，还是没有房子。周先生说："造反派抢占'黑帮'的房子，在北京司空见惯，是当然的事情。过了很长时间，领导才安排我们回沙滩后街旧居。还给我们两间房子，一间小的，一间中的。最大的两间没有还。可是，我们已经很满意了。"他们把稍大一点的那间用帘子将中间隔开，里面放一张大床奶奶带孙女睡，一张小床给周先生；外面半间放一个吃饭桌子，再摆一个小床铺留儿子临时回来住。另一小间是书房兼客房，挤得满满当当。

回北京后，周先生的工资仍然发三十五块钱。周先生说："钱，实在不够。忽然，通知我们恢复原工资。噢，这出乎我们的预料。头一个月拿回工资，感觉钱太多了，用不了。过一阵子，又宣布补发以前扣我们的钱。我一下子发财了！"

此时，"文改会"尚未恢复。周有光他们由"安置办"领导学习。周先生说："偶尔去参加小组学习。公家有报纸，到了我们先看《参考消息》。《人民日报》那样的大报，没什么人看。看完报，开始聊天。那几年，好像没人管的样子。马路上大字报没有了，原来贴的也洗刷干净。没有人来打搅我，那我就重操旧业，继续我的研究工作。书，大部分破掉了，但语言文字学的书基本保存。那时公园年票两块钱，几个公园通用。吃了早饭我去故宫找个安静的地方，在游客休息的桌椅上看书，写文章。累了，听树上的鸟唱，看池子里的金鱼。后来出版的几本书，都是那几年搞的。很开心。"我开玩笑说："您比皇上还幸福！"周先生说："是一个人的皇上，没有臣子。"

任云卷云舒，月亏月盈，周先生始终不改对学术的追求。只要让他工作，让他研究，他就快乐。他在《新陋室铭》中写道：

　　山不在高，只要有葱郁的树林。
　　水不在深，只要有回游的鱼群。
　　这是陋室，只要我唯物主义地快乐自寻。
　　房间阴暗，更显得窗子明亮。
　　书桌不平，要怪我伏案太勤。
　　门槛破烂，偏多不速之客。
　　地板跳舞，欢迎老友来临。

卧室就是厨室，饮食方便。

书橱兼作菜橱，菜有书香。

喜听邻居的收音机送来音乐。

爱看素不相识的朋友寄来文章。

使尽吃奶气力，挤上电车，借此锻炼筋骨。

为打公共电话，出门半里，顺便散步观光。

仰望云天，宇宙是我的屋顶。

遨游郊外，田野是我的花房。

笑谈高干的特殊化。

赞成工人的福利化。

同情农民的自由化。

安于老九的贫困化。

鲁迅说：万岁！阿Q精神！

十、人未老，思无涯

□ 凭票供应的日子

周先生说，与时俱进，前途光明；逆时后退，失败淘汰。个人如此，国家如此。

一九七六年，是多事之秋。

春天，周有光先生前列腺病情加重，住北京协和医院（当时叫"反帝医院"）等待手术切除。此间，天安门广场爆发所谓"四五事件"。七月，周先生术后回家疗养。未几，唐山发生强烈地震，死伤无数。大地震波及京津地区。"文改会"大院里虽然有些建筑物严重受损，但没有砸死人。隔壁院落就没有那么幸运，有人员伤亡。

大震之后的余震频繁不断，人人如惊弓之鸟，不敢待在家里。震后第二天，北京城连降大暴雨。"文改会"的工作人员，在几辆大卡车上架起棚子，供老幼暂住。单位领导号召：有亲投亲，有友靠友。周先生刚刚出院，病体尚待恢复，长此下去，后果堪忧。周氏夫妇带孙女坐飞机去上海。到上海没有多久又听到毛主席去世,"四人帮"垮台。一拨又一拨的坏消息、好消息不断。

冬天很快来临,周先生考虑一时不能返京,决定回苏州老家避难。新中国成立前,允和娘家在苏州的房子很多,后来大部分被政府占用(不叫没收)。五弟张寰和在当地做中学校长,他家人多房子少,允和没办法住娘家。允和从小结拜的姐妹王遗珠是位小学老师,丈夫新中国成立后被镇压,她单身带四个孩子住几间旧房子。王遗珠腾出一间给允和一家住。

冬天,江南地区屋内阴冷。住惯北方的暖气房,再回去很不习惯。何况,周先生病后更怕着凉。亲戚借给一个小火炉,安装好了,没有煤也不行。当年老百姓烧的煤呀、劈柴呀非常紧张,是按户、按人口供应。苏州比北京更困难,煤饼只有北京一半大。有的人家天暖时一天烧一次饭,省下的煤饼贴补冬天用。人口少的,所幸两家合伙烧一个炉子。周先生说,他们运气好,朋友的姐姐家在苏州,但她暂时去外地,这样就解决了他们的燃"煤"之急。在亲朋好友帮助下,那个冬天他们过得很温暖。

除了烧饭、取暖的燃料短缺,苏州一切供应都紧张。周先生去苏州最繁华的商业区——观前街,进了一爿日用杂品店要买手纸,店员向他要手纸票。他茫然地问:"什么票?"对方不耐烦地说:"你什么票都没有,来干啥?莫名其妙!"回来学给王遗珠听,王遗珠乐了,说:"你不知道,苏州样样东西都要票。"她随手拉开抽屉,拿出一个大夹子翻找。不得了!里面各式各样的票有几十种。随后,周先生拿着王家的手纸票,再一次去买手纸。他相中柜台里一种质量好一点的,要买。店员这次又说:"摆样子的!不卖。"周先生没有选择的余地,只能买那又黑又粗的手纸回家。

在北京，去菜市场买肉、买菜，总要排半天，队伍排到大门外。周先生路过苏州菜市场，很奇怪：门口怎么没有人排队？进去一看，几乎没有什么菜。原来，分配给每个菜店的菜量有数，货一到就抢光了。有一天，他看见一个农村打扮的妇女，头上包一块布，手臂挎个篮子来周先生的朋友家。原来，是郊区农妇拿了自家产的荸荠进城卖。这属于"黑市"，违法的。他们不敢在大街叫卖，只能悄悄到熟人家里卖。

在借住房子外面、小马路的拐角处，周先生发现有个小炉子卖烤白薯。他买了烤白薯回来全家吃，很高兴。连续买了几次后，再也不见那个小商贩。他问街坊。街坊说，被警察抓走了！卖小青菜非法，你卖烤白薯同样是走资本主义道路。

住了一段日子，周先生觉得病体恢复差不多了，很想去洞庭东山去看看。少年在苏州，常常去玩儿。东山沿路有许多小店铺卖各式各样的东西，有小手工艺品，也有熏青豆、麻酥糖……

故地重游，令人大失所望。冷冷清清，什么小店都没有。路上几个十四五岁的小姑娘裤子、鞋子都破了。光着脚，没穿袜子，两脚冻得青一块紫一块。洞庭东山，在周先生记忆里很富裕。女孩子打扮得干净、漂亮，不仅穿新衣、新裤，也穿新鞋、新袜，有的还戴着金耳环。

走着走着，他们来到一座房子前，房子高高大大很阔气。知情的人介绍说，这是解放前地主造的，"土改"分给贫农。进去，见一位老太太，她说家里劳力都下田干活了。老太太的房间很大，有个大的木板铺。地中间一张方桌，一个木头长板凳，连把椅子也没有。他问老太太：是现在生活好，还是过去生活好呢？老太太说：当然过去好。周先生说：那些年困难得不得了，老百姓连个花生米都吃不到。

周先生说，先知是自封的，预言是骗人的。如果事后不知道反思，那就是真正的愚蠢了。聪明是从反思中得来的。

□ "二简（草案）"：约而未定，俗而未成

周先生说："'文革十年'是指一九六六年到一九七六年打倒'四人帮'。虽然，'四人帮'被打倒了，文化大革命实际并没有结束。'文革'的气氛、思想、习惯一直延续好多年。"

一九七七年，"文改会"基本还是造反派掌权。他们把从社会上收集来的以及内部整理的简化字，搞成《第二次汉字简化方案（草案）》（"二简（草案）"），公开发表使用。这个"二简（草案）"问题很多，比如："蜈蚣"写成"吴公"。这样就搞不清是昆虫"蜈蚣"，还是姓吴的老头子。"元旦"的"旦"和"鸡蛋"的"蛋"，都简化为"旦"；"圆的，椭圆的"的"圆"都写成"元旦"的"元"。那么，这个"元旦"是一年的第一天呢，还是一个圆的鸡蛋呢？

诸如此类的问题不少，引起轩然大波。大陆许多人反对，台湾也借此攻击、反对共产党。周有光先生早被打倒，没有参加这项工作。许多人并不了解这个情况，仍然给他写信。他不得不表态了。随之，在《光明日报》刚刚恢复的"文改副刊"上发表一篇文章，指出"二简（草案）"不成熟，要好好研究，重新修改。

周先生认为，（二十世纪）五十年代的"一简"以"约定俗成"为

原则，容易推广。"二简（草案）"虽然也有不少简化字来自民间，但是"约而未定，俗而未成"；大量简化，面目全非。"二简（草案）"发表未经中国文字改革委员会的委员们开会通过，在程序上是不合法的。

一九八六年一月，在全国语言文字工作会议建议下废除了《第二次汉字简化方案（草案）》。

周先生回忆说，一九五八年，《汉语拼音方案》公布使用后，争议很大。

周先生说：我们家里就有两种态度。沈从文（三妹张兆和丈夫）说，中文怎么能用拼音呢？中文应该一个一个字写出来的。后来，他看到中文拼音也能在打字机上用，就不反对了。四妹张充和的丈夫傅汉思，德裔美籍汉学家，是美国耶鲁大学教授，研究中国古代文学。《汉语拼音方案》一出来，他在耶鲁大学第一个使用。三弟张定和是音乐家，对汉语拼音最起劲，把汉语拼音字母谱上曲子，传唱。

有人反对汉字简化，说"不会繁体字不会读古书"。恰恰相反，不认识简化字不能读古书。"四书"里的《大学》一开篇就用了六个"后"字。还有人说书法要繁体字才美。书圣王羲之的书法里百分之三十以上是简化字。赵元任说《简化字表》里大多数在六百年前就有了，最早的有两千五百年，甲骨文就有简化字。

二〇〇九年二月，媒体发表一篇《季羡林老人谈国学》的文章。季先生对国学的普及，提出四点意见。其中包括"汉字简化及拼音化是歧途"、"古文今译是毁灭中华文化的方式"等。

周有光先生四月六日，撰文《"简化"与"今译"之辩》发表在《人民日报》上。文中指出：

删繁就简是汉字和一切文字的共同规律，规律即"正途"。

拼音帮助汉字。今天"人手一机"，打短信离不开拼音。从"注音符号"到"汉语拼音"是汉语字母的发展"正途"。

口头白话和书面白话都是今译。没有今译，古书无法读懂。今译是继承古代文化的必由之路。

周先生说：电视推广了普通话，手机普及了汉语拼音。

□ 出国，在隔绝三十年后

一九七九年冬，"文改会"领导通知周有光赶快准备去法国巴黎开会。周先生说，什么都没有，来不及。领导听了马上派办公处的人陪周先生去红都服装店（专为出国人员做衣服的）做西装、做大衣，买皮鞋。但回国后这些衣服、鞋子要交回去。周先生说，回家继续穿破裤了。

围绕周先生的裤子，圈内还流传一段笑谈：一九六四年夏天，周先生去西安开会。上身穿件新蓝布制服，挺像样；下面那条毛料西裤是新中国成立前从国外带回来的，穿了多年，屁股后面打了两块大补丁。同行的倪海曙笑他为"后补"（"候补"委员的谐音）。聂绀弩在一旁作诗打油："人讥后补无完裤，此示先生少俗情。"

时隔三十年，这是周先生第一次出国。他是应联合国教科文组织邀请开会，一切费用他们负担，飞机票是他们订购寄来的。出国前，周先生看到铅印的通知，规定出国不能带人民币。那个年代，个人也没有外汇。周先生一路上口袋里没有本币，也没有外币。事后有人问：你一分钱没有，怎么敢上飞机？他回答：那有什么了不起？到了国外我有朋友，有事可以请他们帮忙。说是这么说，周先生还是承认：身无分文出国，是一生中碰到最有趣味的事情之一。

抵达巴黎，驻法大使夫人前来接机。周先生说：我一个小老百姓，怎么好让你来接待。她却说：我是使馆的三等秘书，是以工作人员身份给你开车的。

大使夫人当然了解周先生的情况，知道他身上没有一分钱，直接开车去"教科文"总部领钱。负责接待的人问："你怎么才来？我们邀请你三次了。"周先生心里想："我根本不知道呀！"但是，不能实话实说。按理，"教科文"组织给个人的邀请函，官方不能随意扣留而不通知本人，可是，那个年代这样的荒唐事多着呢。

在法国，按着国家规定周先生个人可以支配二十美元。大使夫人问他要买点什么带回国？周先生说："我夫人喜欢绿色，买条绿色床单送她吧。"大使夫人清楚，二十美元在正规商店根本买不到，就开车带周先生去一个偏僻的仓储商店。距离商店很远，他们提前下车步行过去。大使夫人告诉他，一旦外国记者拍到中国使馆来这种小店购物，他们要大肆宣传给中国抹黑。

周先生在会上有两篇演讲稿，经整理后"教科文"组织机关刊物《信息科学、图书馆学和档案管理》决定发表。杂志社的编辑很抱歉地说，我们这个杂志向来没有稿费，只给三百元笔墨费。周先生拿到钱交给大使夫人，麻烦她代买几种书。隔天，大使夫人说，对不住，书也买不成。国家规定，在国外一切收入要上交。

周先生说，"文革"十年，我们国家穷得不得了，一点外汇也没有。

一九八七年和一九八八年，周先生应新加坡华文中心研究会和新加坡（国立）大学邀请出席国际学术会议。在新加坡，有许多学者都说新加坡发展是一个奇迹。新加坡大学一位教授却说：什么奇迹呀！没有奇迹。新加坡独立时很困难，就是受高等教育的人太少了。那时候要选一个部长都困难。所以，决心提高教育。

没有大学，要建新加坡国立大学就先成立一个筹备处，在政府登记（政府担保），然后向国际贷款。有了钱可以造房子，可以从英国、美国以及其他国家高薪聘请著名教授，按国际标准办事。十年工夫，新加坡大学成为东南亚著名学府，人才也培养出来了。国家鼓励大学毕业生出国深造。没有钱，国家资助，但希望学成回国服务。

建国之初，有人说新加坡这么小，飞机飞到空中就到国外了，用不着航空公司。另一部分有世界眼光的人士反对说，新加坡的航空公司不止着眼于本国飞行，而要扩大跟世界的联系。结果，新加坡航空公司成为国际有名的公司，飞机场的规模又大又好，世界一流。

周先生说：新加坡真正是"无中生有"。从它的发展证明，只要按常规办事，按常识办事，走民主道路，走开放道路，依靠国际社会，什么事情都能办成。

周先生对《纽约时报》每年发行的《世界年鉴》进行分析、研究，并写成《从人均GDP看世界》的数据资料。他根据各国人均GDP的多少，

1987年12月1日，周有光在新加坡新闻中心联合早报社演讲

把世界一百九十三个国家和地区分为六个等级（单位：美元）：

A级40000元以上，B级30000元以上，C级20000元以上，D级10000元以上，E级5000元以上，F级5000元以下。

数据表内，弹丸小国新加坡最为抢眼，位居"东亚四小龙"之首：新加坡62100，A。韩国30000，B（朝鲜1800，F）。台湾35700，B。香港45000，A（中国7600，E）。

周先生说，新加坡一九六五年建国，当初又穷又小又落后，被人瞧不起。今天，这个城市岛国却成为东南亚教育、电讯、金融、医疗中心，是世界最大炼油、海洋交通中心之一，也是亚洲、欧洲、大洋洲之间重要的国际航空中心。

周先生说，我们的经济生活正在跟世界接轨，我们的政治生活和文化生活也要跟世界接轨。我们要做现代文化的主人，不要长期做现代文化的客人。

二十世纪八十年代，周有光先生去美国参加会议。他向"联合国工作人员语言学会"咨询有关联合国文件使用语言的情况，得到回答：有六种工具语言，英语占80%，法语占15%，西班牙语占4%，俄语、阿拉伯语、汉语共占1%。

周先生说，现在情况是否有改变，我不知道。

一九九三年，周先生去奥地利维也纳参加"国际标准化"组织召开的会议。其中讨论的议题有一项是"希腊字母怎样用罗马字母代替"。

1983年,在夏威夷参加"华语现代化国际学术会议"。左二:周有光

古代罗马字母是从希腊字母演变而来，希腊字母是罗马字母的祖宗。可是今天，希腊字母只在希腊用。希腊之外，它只作为某些科技符号在国际上面流通，但各国都不相同，没有统一标准。这次会议是要订出一套用罗马字母代替希腊字母的国际统一标准。

周先生说："文化是前进的，文化是不断变的，希腊字母这个老祖宗也被后代子孙所代替……

"中国七千个通用汉字中有三分之一的繁体字被简化字代替了。有人反对，认为用简体字来写中国书是切断中国的文化传统，有碍弘扬华夏文化。从希腊字母用罗马字母来代替表明，弘扬不等于复古，弘扬要革新、要发展。没有革新、没有发展的文化是没有生命力的。"

周先生说，在全球化时代，每个国家的文化都包含现代文化和传统文化。现代文化主要是国际共同的自然科学和社会科学，传统文化主要是本民族的文史哲和宗教。传统文化都在自觉或不自觉中进行现代化。

上世纪九十年代，社会上曾盛行"三十年河东，三十年河西"，"世界文化的接力棒将传到中国手里"的论调。周先生却说：

今天是双文化时代，任何国家都是一方面保存和改进传统文化，一方面利用人类"共创、共有、共用"的现代文化。现代文化的主要内容是自然科学和社会科学，以及现代化的日常生活，作用是发展人类社会的共同幸福。

汉语的国际地位：不要妄自菲薄，不要妄自尊大。在自强基础上向国际化发展。

□ 过往那些人物

周先生说，在中国近代史上，蔡元培是影响社会进程最重要的人物。越往后越能显现他对社会所起的作用。他提倡的"学术自由，教授治校"，直至今天也是真理。

早在"五四"之前，北京大学教授胡适、陈独秀等人就提倡"白话文"，掀起文学革命。这是解放思想，是"启蒙"和"文艺复兴"。恰恰在这时发生"巴黎和会"这件事情，成为导火线。"五四运动"不是什么政党领导的，是群众自发、"北大"学生挑头闹起来的。为什么会发生"五四运动"？为什么"五四运动"会发生在北京大学，而不是其他大学？这是蔡元培等人倡导的"民主、自由"思想的结果。

周先生说，允和父亲张冀牖虽然没有受过新式教育，但他结交的蔡元培、蒋梦麟等都是有新思想的教育家、大知识分子。他聘用的教员如侯绍裘、张闻天、匡亚明也都是有进步思想的青年。

他没有把钱传给儿女去花天酒地挥霍，而是给他们最好的教育，十个子女都进大学接受高等教育。自己出钱办学校，族人骂他傻，骂他败家。

清（朝）同治年间，张冀牖的祖父张树声官至江苏巡抚、两广总督、代宰相。父亲客死在川东道台任上，张冀牖扶灵回合肥张家老宅。合肥西乡的田地大多是张家的，有良田万顷，是典型的大官僚、地主家庭。但是，张冀牖了不起，他没有沉湎于旧式家庭的藩篱，而是跳出本来的

上世纪 30 年代，张冀牖与女儿们在苏州九如巷。前排左一张充和，前排右一张允和，后排左张元和，后排右张兆和

生活空间，到上海、苏州，先从办幼稚园、小学开始，再办平林男中、乐益女中，每年拨出十分之一名额招收免费生。在当时环境能做到这一点，不容易。他一生不抽烟、不喝酒、不赌博，家里的女人、孩子和男工也不准赌博。

周先生说："胡愈之，没有一点官架子，待人非常真诚。常常晚上九点钟来我们家聊天，像朋友一样，一谈就谈到十二点。"

胡愈之（二十世纪）二十年代提倡"世界语"，"五四"白话文运动，又带头提倡"大众语"。在商务印书馆主编《东方》杂志，胡愈之写的世界时事评论真正有世界眼光，好极了。他在苏联一个月，回来写成《莫斯科印象记》，虽然只有两万字，却影响一大批青年人，代表了当时的思想潮流。作为当时社会主义革命中心的莫斯科，在他笔下放射出希望的曙光。他在南洋办报时，秘密加入共产党。虽然出身、经历不同，但他信仰共产主义不是盲从，是有头脑的，非常有水平。一九五五年，成立"文改会"，吴玉章老任主任，胡愈之是副主任。吴老年纪大，真正管事的是胡愈之。在他领导下，中国的文字改革工作取得很大成就。

周先生说：吕叔湘的语言学自成一个系统。王力研究中国语言学，也研究外国语言学。他的《中国语言学史》可以说是集大成。这两位是真正的语言大师。

周先生说，沈从文不但极其聪明，而且勤奋好学。亲戚的小孩子小

1980年参加中国语言学会成立大会。
左二：周有光。左三：张允和。左四：吕叔湘

1958年，沈从文与周有光摄于
沙滩后街

学毕业去告诉他。沈从文说:"真好!你小学毕业了,我小学还没毕业。"

沈从文从小当兵,小学都没毕业,但他读了许多古书。后来受"五四"新思想影响,辗转从偏远的湘西来到北京,完全靠自学成为小说家、大学教授。他不会外文,靠阅读翻译的外国书,写出的小说有法国的味道;不懂科学,研究中国服饰的方法却非常科学。胡适、徐志摩、杨振声对他帮助很大。

新中国成立后,不让他在"北大"教书,安排去故宫博物院当解说员。别人以为他会不高兴,他却一点不在乎,说:我正好有机会接触那么多古董!不能教书也不能写小说,于是钻研古代服饰,像着了魔一样。自己出钱找助手,经过多年努力终于完成《中国古代服饰》一书,填补这一研究领域空白。

周先生感慨道:

> 人的一生不可能样样顺利。吃亏就吃亏一点,没有什么了不起。逆境中不要失望。不要让别人的错误惩罚自己,要能猝然临之而不惊,无故加之而不怒。要有涵养。
>
> 人生就是一场马拉松长跑,不要太在乎一时之长短。人无远虑,必有近忧。

周先生说,国内有许多文章介绍四妹张充和。近年来她分别在北京、苏州,美国西雅图举办个人书画展。她是张家四姐妹接受传统教育最多、功底最扎实的一个。她诗、书、画无所不精,昆曲造诣非同寻常,被称为"世纪才女"当之无愧。

上世纪30年代,张充和与父亲
在苏州九如巷

四妹从小过继给叔祖母做孙女,跟着叔祖母回合肥老家。叔祖母是李鸿章侄女,家学深厚。充和九岁师从吴昌硕弟子、著名考古学家朱谟钦,跟朱先生临碑帖,读《史记》、《汉书》,给古文断句做标点。叔祖母有钱请最好的先生教充和念书,四妹也有条件跟昆曲大家学昆曲。抗战在重庆,四妹又拜当代著名书法家沈尹默为师。三妹兆和曾说:"沈尹默、胡适、章士钊、汪东几位学界老先生都喜欢四妹、捧四妹。"

古代的《汉赋》很难,在中国也是"冷门",没有多少人研究。四妹夫傅汉思是德裔美国人,是《汉赋》研究权威,他翻译的《汉赋》好极了。他能取得这样的成绩,和四妹深厚的古文修养有很大关系。

四妹真是才女,不但昆曲唱得好,还能吹笛子、做笛子。镌刻的功夫也好,她的几枚印章都是自己刻的。她收藏吴昌硕、赵穆等大家的印章,常用的"半舫"就是赵穆刻的。一百岁了,她每天仍然临《书谱》,唱曲,画画。

周先生说,魏建功是语言文字学家、语文教育家、古文献学家,是规规矩矩的学者。抗战结束,他去台湾大学历史系教书,在此期间,创立台湾国语推行委员会,为台湾推广普通话作出了不起的贡献。新中国成立后,一直在北京教书。"文革"倒霉了。造反派学术上不行,写不了这类批判文章。他们就利用学界有名的四位老头,包括魏建功给他们当枪手、写文章。"四人帮"倒台,有人就骂"御用文人",这成为他一生的污点。但多数人原谅他,因为他一生做了许多好事,评价一个人要全面。同时,罗马法规定在威胁下所做的一切不负责任。所以,不能单

继1937年7月1日张允和与大姐、四妹同台演出《游园惊梦》后，历经战乱，天各一方，大姐、四妹先后定居美国。五十年后，在周有光先生多方努力下，全国政协京昆室联手北京昆曲研习社，于1986年12月在北京举办"海内外曲友联合演出《牡丹亭》专场"。大姐、四妹应邀回国演出，在《游园惊梦》中张充和（左）饰杜丽娘，张元和（右）饰柳梦梅凭他在"文革"中参加"梁效"写作班子,就认定他品质有问题。

二〇〇九年五月的一天,周先生正在看《许幸之画册》。"画册"卷首是蔡若虹填写的《西江月·怀念许幸之同志》:

六十年前左翼,五星旗下专家;
一身三朵向阳花,能演能诗能画。
妙手玲珑多面,丹心灼烁无瑕;
雄歌一曲献中华,留得千秋佳话。

周先生说,许幸之扬州人,从小拜江南著名画家吕凤子(吕叔湘哥哥)为师。一九二四年去日本学画,受当时最流行的左翼(思想)画派影响很大。许幸之、田汉,在日本与周有光的三姐夫屠伯范关系密切。为了帮助两个年轻人提高日语,三姐夫常带他们去看日本戏剧。回国后,许幸之是上海左翼美术家联盟首届主席。电影《风云儿女》,编剧是田汉、导演是许幸之。现在的国歌《义勇军进行曲》是《风云儿女》的主题曲。当年他的名声很大。

新中国成立后,许幸之在中央美术学院不声不响教书。"文革"爆发,他非常害怕,因为在上海江青是他手下的演员,他知道的事情太多了。所幸他早早脱离三十年代的人事圈子,淡出权贵的视线。周先生说:"能躲过那场劫难,不容易。"

许幸之和周先生的关系一直很好。"二战"后,周先生去美国,国内的房子一直由许家住。

□ 举"杯"齐眉,两"老"无猜

亲朋好友都说周有光夫妇结婚七十年,没有吵过架。周先生说:"其实我们也吵架。只是我们吵架不会高声谩骂,让外人听到。我们吵架常常是因为别人的事。比如,四姐在北京和我们住一起,她一辈子没结婚认为这个家是她的,允和认为是她的。有一次庆庆(小孙女)刚会说话,到四姐房中说,我到你家玩。四姐不让了。问庆庆,谁让你分家的?她们有气都对我撒,允和口快,但明事理。她说三两句,我不吱声就吵完了。"

周氏夫妇晚年相敬如宾。上午十点、下午三点,两老喝茶、喝咖啡,吃小点心。喝茶前,双双"举杯齐眉"。小辈们戏称"两老无猜"。周先生说:"古代夫妇'举案齐眉',今天没有案了,我们用'举杯齐眉'代替。一方面好玩,一方面是双方互相敬重的一种表达。"

周先生有个"三自"政策:自食其力、自得其乐、自鸣得意。他的夫人则有一个"三不"原则:不拿别人的过失责备自己,不拿自己的过失得罪人家,不拿自己的过错惩罚自己。他们总是一唱一和,彼此呼应。

下面摘录的是张允和一段日记,从中可以窥见两位老人的求知态度。

周有光、张允和夫妇每天举"杯"齐眉

一九九四年六月三十日：

现在是半夜十一点四十分，有光说要扇子。拿来一把丁湜华写的折扇，上面有"一阕"，我说应念"阙"和"朝天阙"一样。有光说"阕"字应念"癸"字，和"阙"不一样，两人起身查字典。

大家都错了一半，"阙"和"阕"同音，但不同一个意思。

二〇〇二年，他的夫人去世。送别的那天晚上，周先生的眼圈第一次红了。亲人们担心，老人是否能承受这突然的打击。他却平静地对孙女说："你放心，我知道该怎么做。希望这个时候不要给你们添麻烦。"周先生一辈子就是这样，时时处处替别人考虑，从不给子孙和社会添麻烦。理智告诉他不能被悲伤击倒，因为还有工作要做。在其后的两年间，周先生以九十六岁高龄多方联络，力促张允和先生遗作《浪花集》和《昆曲日记》如期出版。他说，这是对妻子最好的纪念。

他在《浪花集》"后记"中说："我的夫人张允和的去世，对我是晴天霹雳。我们结婚七十年，从没想过会有一天两位中少了一人。突如其来的打击，使我一时透不过气来。后来，我忽然想起有一位哲学家说过：'个体的死亡是群体发展的必要条件'，'人如果都不死，人类就不能进化'。多么残酷的进化论！但是，我只有服从自然规律！原来，人生就是一朵浪花！"

周先生是出了名的爱干净，手帕不离手。周夫人在世时为他准备二三十条白手帕，时至今日，仍然在用。

十、人未老，思无涯

□ 长寿无秘诀

二〇〇三年冬至二〇〇四年春，周先生因病住医院。九十九岁生日在医院里，医院送蛋糕、送鲜花；住院的病人以及家属听说有位百岁老人，就到窗子外面偷偷看。

出院后，老人幽默地对我说：我变成医院的观赏动物。佛家说，和尚活到九十九岁死去叫"圆寂"，功德圆满了。我的功德可圆满不了，还得回家读书，过尘世余年。

常常听到有些老人说，我老了，活一天少一天。

周先生则说："老不老，我不管。我是活一天多一天。"

经济学出身的周先生就是卓尔不群。别人用减法，他用加法。

周先生八十一岁开始作为一岁，从头计算年龄。九十二岁那年，老人收到一张贺年卡，是《中国妇女》杂志社一位女编辑的小儿子寄来的。上面写：祝贺十二岁的老爷爷新年快乐！

老先生看了大高兴，逢人就拿出来展示。

周先生八十五岁离开办公室。专业研究因年老体衰告一段落，不再参加社会活动。但他并未停止思考，更未放弃一名知识分子对社会的责任。

二〇〇九年秋，周有光先生的老同事，原国家语委主任袁贵仁履新教育部部长一职，周先生写信祝贺并谈两件事：

希望中小学生轻松学习，去除大量无效劳动，不再参加荒废学业的校外活动；希望大学停止衙门化和扩大化，实行学术自由，树立百年大计。

他仍在关注世界，关爱万物生灵。他在桑榆晚年再扬帆，开辟新领域——研究社会现实问题，撰写有关文化、历史背景的文章。如：什么是现代化，什么是全球化，苏联解体的教训，美国社会的发展背景，中印两国的外包经济，中东局势，巴以纷争，后资本主义等。周先生百岁时平均每月发表一篇文章，时至今日仍然手不释卷，笔耕不止。继《朝闻道集》之后，去年又出版《文化学丛谈》、《拾贝集》、《静思录》等。著名学者李泽厚说："周有光先生是世界文化史上的奇迹。"

周先生对世界充满好奇，对一切新鲜事物都愿意尝试、体会。国家大剧院落成、开放不久，老人在家人陪伴下去看演出。"粉丝"争先恐后合影留念，他成了台下"明星"。地铁五号线开通，周先生坐在轮椅上实际享受了一次现代交通的便捷与豪华。

周先生每天早晨、晚上和三餐之后都要洗漱。小阿姨开玩笑说："爷爷的脸皮都洗薄了，所以白白嫩嫩。"周先生百岁之前每天洗澡。他说洗澡能加速血液循环，代替运动。年龄大了，不能做大幅度运动，老人发明"象鼻子运动"：两脚站立与肩齐，两手左右有节奏地摆动。

周先生不刻意追求长生不老，而是顺其自然快乐地过好每一天。不吃补品，喜欢白菜豆腐。每天读书、看报，强调多动脑、多思考。喜欢昆曲，也看美国大片《阿凡达》。爱喝中国茶，也喝星巴克咖啡。关注

"全球化"的老人足不出户,但老夫也发少年狂。二〇〇三年,子侄们陪九十八岁的周先生去北戴河。未到海滨浴场,老人就令儿子周晓平下车去买两条游泳裤。

对于一百多岁的高龄,他总是乐呵呵地说:"上帝糊涂,把我忘掉了。"

周先生谈到健康说:

我想最重要就是生活有规律。同时,胸襟开朗也是重要的。健康有物质一面,有精神一面。物质方面我要求不高。饮食上很多荤菜不能吃,不吃油炸肉类,主要吃鸡蛋、青菜、牛奶、豆腐四样。不抽烟、不喝酒。喝咖啡、红茶,也喝绿茶。

要保持求知的兴趣。勤于思考,脑血管经常处舒展状态,脑神经能得到良好的保护,大脑不会早衰。

对人生,对世界,既要从光明处看到阴暗,也要从阴暗处看到光明。事物有正反两面,同时存在。盛极必衰,否极泰来。道路崎岖,但前面一定有出路。我妈妈常说,船到桥头自然直。

周有光先生的著作和言论,在社会引起很大反响,获"2010中华文化人物"荣誉称号。有人称他"汉语拼音之父"。他说,不要这样称呼,我只是《汉语拼音方案》主要创制者之一,是语言学研究者。也有人称他"中国当代重量级的思想家"。他说,我的言论、观点都是当今世界普遍公认的提法,没有什么稀奇。

对于掌声和赞扬声,他淡然置之;对不同声音却认真倾听。他在给友人的信中说:"得到有益的批评,我心中十分高兴","在万马齐喑的时代,能听到刺耳的声音,那是真正的时代进步"。

二〇〇四年底、二〇〇五年初,老先生正在研究"外族"和"少数民族"。碰巧有媒体记者看他,闲聊中老人根据看到的有关文献资料和文章,推测朱元璋可能不是汉族。文章披露后,有晚辈学者提出疑问。一百岁的周先生没有倚老卖老,没有以势压人,更没有置若罔闻,而是虚心倾听,并通过网络公开表示欢迎批评。老人的精神令人折服!

事后,老人说:"学术面前,没有长幼尊卑,人人平等。"

行年百岁,方知九十九年之非。

周先生说:老来回想过去,才明白什么叫做今是而昨非。老来读书,才体会到什么叫做温故而知新。学然后知不足,老然后觉无知,这就是老来读书的快乐。"朝闻道,夕死可矣。"这是最好的长生不老滋补品。

二〇〇九年周先生写的一篇《窗外的大树》,引起轰动。老人说他的小书室窗外有棵泡桐树,枝繁叶茂宛如大树世界,树上栖息多种飞鸟。大树年年落叶发芽,春华秋实;每天摇头晃脑,报告阴晴风信。老人高兴地说:"我真幸福,天天神游于窗外的大树宇宙,鸟群世界。其乐无穷!"

"不幸,天道好变,物极必反。"

大树长得太快,威胁附近楼房的安全,被连根砍掉。

文末,一百零四岁的老先生写道:

天空更加大了,可是无树无鸟,声息全无!

我的窗外天地，大树宇宙，鸟群世界，乃至春华秋实，阴晴风信，从此消失！

读到此，许多人潸然泪下，为之动容。《群言》杂志的编辑送来能随窗外光线强弱变化而摆动的一株玩具绿芽。秋天，我从承德旅游带回一个小鸟笼，里面有两只仿生小鸟。小鸟会唱，老人非常喜欢，高兴地说："美国玩具业发达得最早。'二战'后去美国就看到能动、能唱的玩具鸟。几乎和真的一样，很贵，一百多美金。虽然我当时属于中等收入，也舍不得买。养一只真鸟太麻烦，玩具鸟以假乱真。"

从此，老人看书、打电脑累了，抬头看看那株绿芽的两片叶子开开合合；拍拍手发出声响，鸟儿就鸣唱。

附录

□ 周有光简历

1906年1月13日生于江苏常州青果巷，原名周耀平，笔名周有光。父周葆贻，号企言。母徐雯，号镜芙，宜兴人。

1908—1911年，与祖母学习古诗词。

1912—1917年，育志小学（七年制）读书，提前毕业考入镇江中学，不久退学。

1918—1923年，江苏省立（常州）第五中学读书。预科一年，四年中学毕业。期间母亲携子女迁居苏州。

1923年，入上海圣约翰大学，主修经济学。

1925年，因"五卅惨案"离校，改入由爱国师生创办的光华大学。

1927—1932年，光华大学毕业后，任教光华大学、江苏民众教育学院、浙江民众教育学院。

1933年4月30日，与张允和(1909年7月25日生于安徽合肥)结婚。10月赴日本，入京都帝国大学。1934年4月30日儿子晓平出生，是年底回国。

1935年初，任职江苏银行。参加"救国会"。女儿小禾出生。

1937—1946年，举家避难成都、重庆。先后任职国民政府农本局、新华银行。其间，于1940年秋去缅甸探母一年。1941年夏，幼女小禾病逝。1945年抗日战争胜利后回上海。

1947年1月初，由新华银行派驻美国，偕妻子允和同往纽约。1948年赴英国伦敦，游览法国、意大利等地。

1949年6月3日，从香港回到刚解放的上海。任职于人民银行华东区行及复旦大学经济研究所、上海财经学院，讲授经济学。业余从事语言文字研究。上海市政协委员。

1955年秋，参加全国文字改革会议。会后奉命调中国文字改革委员会，从事语言文字专业研究，参与制订《汉语拼音方案》。

1956年4月，全家迁北京景山东街。历任第四、五、六届全国政协委员，担任教育组副组长（组长为董纯才老先生）。

1969年深秋，下放宁夏平罗"五七干校"。

1972年春，由"干校"返京。蛰居家中重操旧业，看书、学习、写文章。

1976年后，逐步恢复工作。参与翻译《不列颠百科全书》。是"中美联合编审委员会"中方三编审之一；《中国大百科全书》总编委委员；《汉语大词典》学术顾问；出席世界各地学术会议及讲学。

1988年底，离休。读书、写杂文，安度晚年。

2002年8月14日，夫人张允和去世，享年93岁。

2010年，荣获中华文化促进会推选的"2010中华文化人物"称号。

□ 周有光学术专著和杂文集目录

1.《新中国的金融问题》，香港经济导报社，1949年第1版。

2.《中国拼音文字研究》，上海东方书店，1952年第1版，1953年第 6 版。

3.《字母的故事》，上海东方书店，1954 年第 1 版；上海教育出版社 1958 年修订版。

4.《汉语拼音词汇》，周有光主编，文字改革出版社 1958 年初稿本，1964 年增订版；语文出版社 1989 年重编本。

5.《拼音字母基础知识》，文字改革出版社 1959 年第 1 版。

6.《汉字改革概论》，北京大学课本，文字改革出版社 1961 年第 1 版，1964 年修订第 2 版，1979 年第 3 版；香港尔雅社 1978 年修订版；"日本罗马字社" 1985 年日文翻译本。

7.《电报拼音化》，文字改革出版社 1965 年第 1 版。

8.《汉语手指字母论集》，周有光等著，文字改革出版社 1965 年第 1 版。

9.《拼音化问题》，文字改革出版社 1980 年第 1 版。

10.《汉字声旁读音便查》，吉林人民出版社 1980 年第 1 版。

11.《语文风云》，文字改革出版社 1981 年第 1 版。

12.《中国语文的现代化》，上海教育出版社 1986 年第 1 版。

13.《世界字母简史》，上海教育出版社 1990 年第 1 版。

14.《新语文的建设》，语文出版社 1992 年第 1 版。

15.《中国语文纵横谈》，人民教育出版社 1992 年第 1 版。

16.《汉语拼音方案基础知识》，语文出版社 1995 年第 1 版；香港三联书店 1997 年第 1 版。

17.《语文闲谈》"初编"上下两册，1995 年第 1 版，1997 年第 2 版；"续编"上下两册，1997 年第 1 版；"三编"上下两册，2000 年第 1 版，北京三联书店；北京"中国文库"（初编）2004 年第 1 版。

18．《文化畅想曲》，中国青年出版社 1997 年第 1 版。

19．《世界文字发展史》，上海教育出版社 1997 年第 1 版；"世界文库"2003 年修订再版，2011 年第 3 版。

20．《中国语文的时代演进》，清华大学课本，"了解中国丛书"，清华大学出版社 1997 年第 1 版；美国大学课本，英文译者张立青，美国俄亥俄大学 2003 年中英文对照本第 1 版。

21．《比较文字学初探》，语文出版社 1998 年第 1 版。

22．《多情人不老》，张允和、周有光合著，江苏文艺出版社 1998 年第 1 版。

23．《新时代的新语文》，北京三联书店 1999 年第 1 版。

24．《汉字和文化问题》，费锦昌选编，辽宁人民出版社 1999 年第 1 版。

25．《人类文字浅说》，语文出版社 2000 年第 1 版。

26．《现代文化的冲击波》，北京三联书店 2000 年第 1 版。

27．《21 世纪的华语和华文》，北京三联书店 2002 年第 1 版。

28．《周有光语文论集》，苏培成选编，共四册，上海文化出版社 2002 年第 1 版；2007 年此书获人文科学吴玉章奖金的特等奖。

29．《周有光语言学论文集》，苏培成选编，商务印书馆 2004 年第 1 版。

30．《百岁新稿》，北京三联书店 2005 年第 1 版。

31．《见闻随笔》，新世界出版社 2006 年第 1 版。

32．《学思集》，徐川山选编，上海教育出版社 2006 年第 1 版。

33．《语言文字学新探索》，语文出版社 2006 年第 1 版。

34．《汉语拼音·文化津梁》，北京三联书店 2007 年第 1 版。

35.《周有光百岁口述》，周有光口述，李怀宇撰写，广西师范大学出版社 2008 年第 1 版。

36.《朝闻道集》，世界图书出版公司 2010 年第 1 版。

37.《拾贝集》，香港天地图书有限公司 2010 年第 1 版；世界图书出版公司 2011 年第 1 版。

38.《孔子教拼音》，香港天地图书有限公司 2010 年第 1 版。

39.《文化学丛谈》，语文出版社 2011 年第 1 版。

40.《语文闲谈》（精选本），辽宁人民出版社 2011 年第 1 版。

41.《今日花开又一年》，周有光、张允和合著，中国文史出版社 2011 年第 1 版。

42.《静思录》，人民文学出版社 2011 年第 1 版。

□ 参考书目

《何廉回忆录》，中国文史出版社 1988 年第 1 版。

《爱国主义的丰碑》，群言出版社 2002 年第 1 版。

《多情人不老》，江苏文艺出版社 1998 年第 1 版。

《张家旧事》，山东画报社 1999 年第 1 版。

《最后的闺秀》，北京三联书店 1999 年第 1 版。

《上海圣约翰大学》（1879—1952），上海人民出版社 2009 年第 1 版。

《农本》杂志，1938 年，重庆。

《水》，家庭刊物。

老藤椅慢慢摇
—— 周有光和他的时代